Comunión y Comunidad

Comunión y Comunidad:

Una introducción a la espiritualidad cristiana

Giacomo Cassese

ABINGDON PRESS / Nashville

COMUNIÓN Y COMUNIDAD: UNA INTRODUCCIÓN A LA
ESPIRITUALIDAD CRISTIANA

Derechos reservados © 2004 por Abingdon Press

Este libro fue impreso en papel sin ácido.

A menos que se indique de otra manera, los textos bíblicos en este libro son tomados de la *Biblia de Estudio: Dios Habla Hoy,* © 1994 Sociedades Bíblicas Unidas. Usados con permiso. Todos los derechos reservados.

ISBN 0-687-74071-1

04 05 06 07 08 09 10 11 12 13–13 12 11 10 9 8 7 6 5 4
HECHO EN LOS ESTADOS UNIDOS DE NORTEAMÉRICA

Dedicatoria y Agradecimiento

Con todo mi amor dedico este libro a
mis tres compañeras en esta
aventura llamada vida:
Gioconda, Isabella y Paola.

Quiero reconocer de manera especial a
Rafael «Cuco» Rodríguez y a
todas las personas que brindaron
su apoyo a este proyecto.
Al mismo tiempo, quiero expresar mi
más profunda gratitud al
Reverendo Gus Vinajeras
por su amistad, largas horas de trabajo
y asesoramiento.

Hacer reflexión

Contenido

Prefacio

En nuestros días, el individualismo se practica abiertamente incluso por quienes se dicen ser cristianos, o peor aún, por quienes reclaman ser cristianos maduros.

Vivimos en una época en que, para muchos, la participación activa en la vida de la comunidad de fe se ha vuelto optativa y donde se han difundido ampliamente ideas que proclaman cosas como: «para ser cristiano no tengo que asistir a la iglesia», «puedo ser cristiano a mi manera desde mi casa» y «mi fe es un asunto privado entre Dios y yo».

En este contexto, se alza la voz profética del Dr. Cassese quien, con la autoridad divina que confiere el testimonio de las Escrituras, nos llama a reexaminar el carácter comunitario de la fe cristiana. De esta manera también nos enfrenta con el hecho de que para alcanzar la madurez cristiana es necesario que reconozcamos la existencia y presencia de quienes nos rodean; es decir, de quienes junto con nosotros forman la comunidad de fe.

La verdadera espiritualidad cristiana, para el Dr. Cassese, sólo toma lugar en el contexto de relaciones humanas significativas y en el establecimiento de comunidad con todo lo creado por Dios. En contraste a los valores de nuestra cultura noratlántica que relacionan la madurez con cierto grado de independencia, el autor estipula que «la madurez no es el producto de la ruptura de relaciones... sino... el producto de la responsabilidad que alcanzan estas relaciones» y por lo tanto «el nivel más elevado de la espiritualidad cristiana madura es el ejercicio del amor».

«La presencia del Espíritu» siempre se muestra en «esas capacidades que Dios nos da para contribuir al fortalecimiento de la comunidad». El Espíritu Santo usa los medios de gracia para «alimentar... el amor de la comunidad cristiana». El Dios que expresa su amor de forma concreta en su encarnación histórica se hace presente en la comunidad que participa de sacramentos, que son concretamente históricos y así nos ratifica su decisión divina de comunicarse con su creación y de llamar a ésta a relacionarse consigo misma.

Es para mí un privilegio haber podido trabajar con el autor en la revisión del manuscrito. Largas horas de trabajo no esperan otra recompensa que la de haber prestado un servicio a Dios al recordarle a la comunidad de fe que está llamada a ser una comunidad de amor.

Rev. Gus Vinajeras
Otoño 2003

Introducción

$\mathcal{L}$a espiritualidad es a la vida de la iglesia como los rieles son a un tren. Es por eso que me atrevo a afirmar que la falta de pasión, compromiso y tenacidad de la iglesia en el occidente se debe, antes que nada, a una crisis de su espiritualidad. La única manera de devolver a la comunidad de fe su compromiso incendiario, su fermento revolucionario, su osadía misionera y su combatividad martiriológica es haciéndola recuperar su sentido de espiritualidad jesucristiana. Redescubrir la vida espiritual orientada a la experiencia de comunión y comunidad nos proporcionaría una renovación integral y plena como iglesia. En eso consiste el camino hacia el prójimo que es la misma orientación que nos lleva a Dios, porque Dios mismo es ese camino.

> Esta vida no es piedad; es el proceso para llegar a ser piadosos. No es salud; es el proceso de llegar a estar saludables. No es ser; es llegar a ser. No es descanso; es actividad. Todavía no somos; estamos llegando a ser. Todavía no está hecho, todavía no ha tomado lugar; está en el proceso de llegar a ser. No es el fin; es el camino (Lutero).

Toda la experiencia de fe es parte de ese camino hacia lo que seremos en definitiva. Dios no se presenta como una idea en la que nos concentramos totalmente para descifrarla; Dios se nos presenta como el camino. Los primeros cristianos se consideraban y fueron conocidos como «los del camino». Dios se nos presenta como el fundamento de nuestro destino, como la ruta trazada de nuestro destino, y en definitiva, como el destino mismo de nuestra existencia.

Ese camino, que es Dios, pasa intencionalmente por la ciudad de los humanos para que nos encontremos cara a cara, porque el destino final de ese camino es una gran comunidad de caminantes. Vamos juntos por el camino porque el camino termina en la unidad perfecta entre los del camino y el Creador. No hay manera de extraviarnos. Cristo nos lleva seguros hasta el fin. Lo que llamamos espiritualidad cristiana —ese estilo nuevo de relacionarnos y de vivir en comunidad— es la esencia del reino de Dios, es nuestro destino.

En la praxis del amor lo nuevo se da ahora, el futuro ya ha comenzado. Para quien ama, la eternidad comienza al estar juntos. En la relación profunda de comunión pasamos de la pura existencia a la vida plena. En presencia los unos de los otros maduramos nuestro entendimiento de la presencia divina. La vida humana no se reduce a la existencia puntual e individual de un ser, sino, por el contrario, incluye el conjunto de relaciones de ese ser con otros y con su entorno. La familia, las sociedades, las naciones, las culturas, los modos de producción y, en general, todo lo que conforma la dinámica de la existencia humana se fundamenta sobre la base de las relaciones sociales. En esencia, ser cristiano es una nueva forma de relacionarse. Ser cristiano no puede definirse en términos unilaterales, o como una relación con Dios que solamente sea privada y personal. Somos cristianos en presencia de nuestros hermanos y hermanas; es decir, somos cristianos solamente al estar frente a nuestro prójimo.

El testimonio de las Sagradas Escrituras establece que no podemos relacionarnos con Dios (a quien no vemos) a menos que nos relacionemos con otros seres humanos (a quienes sí vemos; 1 Jn 4:20). La experiencia cristiana, entonces, es triangular: Dios, yo y los demás. Con esto se intenta decir que de la misma manera en que no podemos sabernos seres humanos a menos que seamos parte de una comunidad social, no podemos sabernos cristianos a menos que seamos parte de una comunidad neumática (creada por el Espíritu). Sólo al relacionarnos significativamente con el resto de la creación podemos estar en relación significativa con Dios.

De esto se desprende que ser cristiano implica participar en relaciones humanas transformadas por la proximidad y el amor (ágape). Por lo tanto, la única forma legítima posible de espiritualidad cristiana es dada por relaciones transformadas y transformadoras. Consecuentemente, violentar, perjudicar, o ignorar «al otro» es llanamente un acto de ateísmo. El amor con que amamos a Dios se hace objetivo solamente en actos concretos para y con otros seres humanos.

La madurez de nuestra espiritualidad cristiana es siempre proporcional al nivel de relaciones responsables que sostenemos con quienes nos rodean. Toda la ley y los profetas se cumplen en esto: «Ama al Señor tu Dios con todo tu corazón, con toda tu alma y con toda tu mente» y «Ama a tu prójimo como a ti mismo» (Mt. 22:37; 40). Toda espiritualidad cristiana genuina debe ser experiencia vital de comunión y comunidad.

¿De quién soy yo el prójimo?

La muy conocida parábola del buen samaritano termina con la misma pregunta con la que comenzó: «¿Quién es mi prójimo?» Quien hace la pregunta a Jesús está echando mano de un recurso psicológico que podría servirle de excusa para evadir elegantemente su responsabilidad con los demás seres humanos. Por eso, en la parábola, Jesús presenta dos personajes que, al igual que quien hace la pregunta, están tratando de evadir su responsabilidad con el lastimado hombre. Para nuestra sorpresa, los dos evasores (un sacerdote y un levita) son personas religiosas y conocedoras de la ley. Sin embargo, ninguno de los dos se detuvo a socorrer al individuo en necesidad. Tal vez era el día de reposo o tal vez iban retrasados, o los estaban esperando para que oficiaran en alguna ceremonia. Quizá, simplemente tenían temor de caer en alguna trampa.

Al final, quien ayudó a aquel pobre hombre fue un samaritano, que, de hecho, tenía la mejor excusa para no hacerlo porque los samaritanos eran despreciados por los judíos. Pero, a pesar de eso, el samaritano se sobrepuso a sus propios prejuicios, no echó mano de la excusa disponible que podía exonerarlo de responsabilidad, sino que decidió ayudar a su enemigo. Él fue el único que reconoció a su «prójimo» en el necesitado. Negarse a ayudarlo hubiera implicado negar la existencia de su prójimo y la presencia de Dios en él. El prójimo no se puede limitar a las personas por quien experimentamos un afecto especial, dado que esto reduciría a un carácter sentimental toda acción a favor del otro. Simplemente, el prójimo es aquel «otro» que está a nuestro lado y a quien hemos decidido acercarnos y que necesita de nuestra ayuda o presencia. Dios creó al ser humano para que existiera junto a su prójimo y en relación con él. Es por eso que el libro de Génesis nos dice que al crear a la humanidad, «varón y hembra los creó» (1:27). Esto prueba que, desde el principio, la intención original de Dios era que el ser humano existiera para y en relación con otros seres humanos (su prójimo). Fuimos creados para relacionarnos. Esto significa que para vivir, no nos bastamos a nosotros mismos. Dios nos creó con la capacidad de entregarnos en solidaridad, de irrumpir en la vida de otros como una forma de ensanchar nuestra propia vida, y para aceptar la proximidad divina que se manifiesta en nuestro prójimo.

¿Quién es, entonces, mi prójimo? En la historia que nos ocupa, la respuesta es: el samaritano que se 'aproximó' al hombre herido. Al aproximarse a él, lo hizo su prójimo. Prójimo, como dijera Gutiérrez (1987:257) no es aquel que se encuentra en mi camino, sino aquel en cuyo camino yo me pongo. Cuando el samaritano se puso voluntariamente en el camino del hombre herido, hizo de la necesidad de éste su propia necesidad. Este era el concepto de *prójimo* que Jesús tenía, y que estaba basado en una acción éticamente consciente de responsabilidad. Esta acción es imposible sin la acción divina en nosotros.

> Un hombre no puede por sí mismo convertir al otro en un yo, en una persona éticamente consciente de una responsabilidad. Dios, o el Espíritu Santo, viene en ayuda del tú concreto; solamente gracias a su actividad se convierte el otro para mí en un tú del que tiene origen mi yo, o, en otras palabras, todo tú humano es imagen del tú divino. El carácter de tú es precisamente la forma bajo la que se experimenta lo divino: todo tú humano consigue este carácter solamente gracias al Divino (Bonhoeffer, 1980:37).

Preguntar «¿quién es mi prójimo?» es una manera pasiva y evasiva que usamos para liberarnos de nuestra responsabilidad con los demás. Es una forma de relativizar la existencia objetiva de quienes nos rodean. «El otro» se convierte en mi prójimo cuando decido encontrarme con él. Así pues, la pregunta realmente debería ser: «¿De quién soy yo el prójimo?»

Reflexionando sobre esta parábola, Martin Luther King, Jr. escribió:

> ¿Quién es mi prójimo? «No sé su nombre», dice en esencia Jesús. «Es cualquier persona que está junto a ti. Es el que se encuentra necesitado junto al camino de la vida. No es judío, ni gentil, no es ruso ni americano; no es blanco ni negro. Es un hombre —cualquier hombre necesitado— en uno de los numerosos caminos del Jericó de la vida». Jesús define al prójimo, por consiguiente, no como una fórmula teológica, sino como una situación vital (King, 1978:34).

Los monjes ermitaños consiguieron adaptarse a la soledad de tal manera que pudieron «existir» sin el prójimo. Tal vez *existir* así sea posible; pero para *vivir en abundancia* es siempre necesario amar. ¿Cómo podemos amar sin la existencia del prójimo? Dios no espera que le amemos solamente a él, sino también que nos amemos unos a otros. Dios desea que nos convirtamos en Cristo para los demás, y que seamos como Cristo, que ama aun cuando los demás «no merezcan ser amados».

El misterio de la proximidad de Dios consiste en que sólo conseguimos realizarnos plenamente fuera de nosotros mismos, es decir, en nuestro prójimo. Buscándola fuera de nosotros mismos (y para nuestros semejantes) es que conseguimos la propia, porque nuestra felicidad está indisolublemente unida a la de nuestro prójimo. Sin recibir a nuestro prójimo como regalo de Dios, nunca podremos ser verdaderamente felices. Por ello Juan Crisóstomo decía: «La caridad hace que te veas a ti mismo en el prójimo, y te enseña a alegrarte de sus bienes como de los tuyos, y a soportar sus defectos como los tuyos propios» (Crisóstomo, 1990:123). Cristiano es aquel que vive en la proximidad de Dios y que, por lo tanto, ya lo tiene todo. No busca ni la salvación, ni la libertad, ni la justicia en sí mismas, sino como resultado de su relación con quienes le están próximos: Dios y el prójimo.

Quien ama ya no tiene otro deseo que vivir en comunión y comunidad. Ama el salvo, ama el libre, ama el justo. Eso es en esencia la experiencia del amor. «Amar a Dios es el primero de los mandamientos, pero amar al prójimo es el primero en ser puesto en práctica... todavía no hemos alcanzado su presencia, pero tenemos al prójimo a nuestro lado» (cf. Jaén, 1941:29).

El primer capítulo del libro nos permite explorar los asuntos básicos de la espiritualidad desde la perspectiva de las relaciones de comunidad. El segundo capítulo se enfoca en establecer una plataforma bíblico-teológica que posteriormente permita articular los aspectos prácticos de una pastoral de las relaciones humanas.

En el tercer capítulo nos proveemos una interpretación original de la obra redentora de Cristo desde la perspectiva que nos ocupa. Este enfoque tiene como fundamento la obra redentora de Cristo para la convivencia en comunidad que sea consistente con los principios del reino de Dios.

El cuarto capítulo presenta a una visión detallada de la iglesia en la que se le presenta como un resultado concreto de la obra reconciliadora de Cristo.

Los capítulos cinco y seis se ocupan de particularidades de la dinámica interna de esa comunidad llamada iglesia. El capítulo cinco nos expone al estudio de la actividad del Espíritu Santo como promotor de relaciones, mientras que el capítulo seis nos presenta a la iglesia como el «cuerpo» que se nutre de palabra y sacramento.

Los capítulos siete y ocho prestan atención a las implicaciones sociales de la ética cristiana que está basada en una espiritualidad de comunidad. El último capítulo reinterpreta, desde la perspectiva de las relaciones humanas, aquellas prácticas que están presentes en toda comunidad de fe. De esta manera se enriquece el entendimiento convencional de esas prácticas y se enriquece la experiencia de fe por medio de esta nueva visión.

1. Comunión y comunidad

Dios está más cerca de nosotros, que nosotros mismos.
San Agustín

Espiritualidad cristiana y teología

La experiencia de fe es un proceso dinámico. De la misma manera que el Espíritu es una realidad viva, así también lo es la espiritualidad, ya que ésta es la actividad del Espíritu encarnada dentro de la historia y por medio del encuentro con la persona de fe. Así pues, la teología de la espiritualidad se ocupa de la práctica contextual o encarnacional de la teología cristiana.

Toda teología debe ser, por naturaleza, práctica; no sólo porque debería estar anclada en una experiencia madura de fe, sino porque también debería estimular o provocar la incorporación de los principios teológicos a la vida cotidiana. Cuando la teología cristiana carece del conjunto de implicaciones que llamamos espiritualidad, viene a ser como un ejercicio técnico dentro de la medicina forense; es decir, una especie de «autopsia teológica» que, aunque técnica y rigurosa, solamente examina un cuerpo inerte y no es capaz de devolverle su vitalidad.

La teología de la espiritualidad, como disciplina teológica, nos permite entrar en contacto con la «ortodoxia» y a la vez con la «ortopraxis», ya que las integra a ambas. La tarea de la teología de la espiritualidad es ayudar a crear, por medio del análisis y la reflexión, los corolarios éticos que siempre están implícitos en el evangelio.

Precisamente por ser una teología pensada a partir del prerrequisito de la fe, la teología de la espiritualidad toma en cuenta que el Espíritu Santo (que es Dios mismo) revela la verdad de Dios. Nadie puede conocer a Jesús sin el Espíritu (1 Co. 12:3), como nadie puede conocer al Padre si no le es revelado por el Espíritu (Gl. 4:6; Ro. 8:14-16). Esta es la sabiduría del Espíritu (1 Co. 2:6-15), pues sólo el Espíritu hace que la mente y el corazón converjan para poseer la verdad; o lo que es mejor, para ser poseídos por ella. Porque esto es cierto, entonces la espiritualidad engendra el acto teológico. El Espíritu no sacrifica lo racional a lo espiritual, y por lo tanto, la teología de la espiritualidad no se coloca ante la verdad unilateralmente sino que lo hace de manera integral.

Asuntos preliminares sobre la espiritualidad

Muchas personas definen la espiritualidad como todo aquello que cae dentro del plano de la religión; mientras que otras asocian la espiritualidad con lo que se hace en la iglesia o con algún tipo de devoción. Para no pocas personas, la espiritualidad es una experiencia superior reservada para unos pocos elegidos con cualidades especiales. Pero, a fin de cuentas ¿qué es la espiritualidad?

Para responder a esa pregunta podríamos hacer uso de una larga lista de definiciones. Sin embargo, quisiera proponer aquí una nueva forma de plantearnos la espiritualidad.

Cuando Dios creó al ser humano lo hizo del polvo de la tierra (carácter inmanente) para que guardase relación con todo lo creado que Dios ordenó a la tierra producir. Después, sopló sobre él «aliento de vida» (carácter trascendente; Gn. 2:7); así, el ser humano no sólo estaría unido a la creación como señor de lo creado, sino también unido al mismo Dios creador. Aquel aliento de vida lo capacitaba para comunicarse y tener comunión con Dios, y aunque el humano se diferenciaba del resto de la creación, lo capacitaba también para vivir en una relación constructiva con ese resto de la creación.

Lo que el ser humano hace con el aliento de vida que recibió de Dios es, en definitiva, su espiritualidad. Ese aliento de vida que Dios sopla sobre el ser humano no lo hace un ser vivo como los animales o las plantas, sino un ser vivo especial; lo hace un «ser viviente» y, por lo tanto, creado para comunicarse y para vivir en comunión con Dios y en comunidad con todo lo creado por Dios. En ese sentido, y a la luz de la creación, la espiritualidad es: *vivir la vida en su plenitud con el justo propósito con que fue creada*. Ese aliento que Dios puso en el ser humano lo capacitaba para mantenerse en una relación especial con el Creador, lo que a su vez le permitía relacionarse adecuadamente con el resto de lo creado. Por eso, cuando a causa de la «caída» el ser humano se separa de su Creador, también terminó por separarse de todo lo demás, incluso de sí mismo. Es por esto que los tres componentes de la personalidad humana —la razón, la emoción y la voluntad— no mantienen entre sí armonía ni unidad fuera de Dios.

El objetivo fundamental del aliento de vida era hacer posible el establecimiento de una profunda comunión entre Dios y su criatura más perfecta: el ser humano. En aquel acto creador el ser humano llegaba a ser «prolongación de Dios» (Croatto, 1986:49), y lo más importante era que el ser humano a través de aquel aliento o espíritu divino se hacía participante de lo divino, lo que le permitía tener una afinidad y relación especial con el Creador.

El ser humano está completamente ligado a Dios. De la misma manera que nadie puede vivir sin el soplo divino que da vida, nadie puede vivir plenamente sin estar en comunión con el sujeto u origen de ese soplo. «Nuestros corazones están hechos para ti —decía San Agustín— y no tendrán descanso hasta que descansen en ti». Dios sopló para hacernos partícipes de una relación dinámica con él, y a esa experiencia dinámica de relacionarnos con Dios es a lo que llamamos espiritualidad cristiana. Así pues, espiritualidad y comunión son una y la misma cosa. La espiritualidad siempre se materializa en relaciones que promueven la comunión. Por eso, la esencia misma de la espiritualidad cristiana es la vida en comunidad. El pecado, por el contrario, se manifestó como realidad destructora, ahogando la vida y despojando al ser humano del aliento divino que lo capacitaba para sostener comunión con Dios y lo creado; es decir, que lo dejó sin posibilidades de construirse espiritualmente.

Comunión y comunidad

Comunión, o «común-unión», es una relación basada en la participación de algo que es común para todos. La comunidad es el grupo humano concreto donde se manifiestan las relaciones de comunión. Esto quiere decir que siempre que hay relaciones de comunión existe comunidad. No puede existir la una sin la otra.

Toda la espiritualidad cristiana termina por ser una profunda relación de comunión, que tiene su origen en el Espíritu Santo, que es la persona que nos une (lo común) y nos lleva a relacionarnos por fe con Dios y por amor con nuestro prójimo. El Espíritu Santo es quien nos lleva a reconocer a Cristo como Señor y al prójimo como nuestro hermano. Con justa razón Lutero decía: «El cristiano no vive en sí mismo sino en Cristo y el prójimo; en Cristo por la fe, en el prójimo por amor. Por la fe sale el cristiano de sí mismo y va a Dios; de Dios desciende el cristiano al prójimo por el amor» (Lutero, 1985:75).

Lutero apunta a un aspecto de suprema importancia en el asunto de la comunión al presentar el doble sujeto de la comunión: Dios y el prójimo. Lamentablemente, en muchos contextos eclesiásticos cuando se habla de comunión se asume que es con Dios o —lo que es peor— exclusivamente con Dios. Pero en realidad no puede haber comunión con Dios sin comunidad. Dios, después de crear al hombre y la mujer les encomendó: «Tengan muchos, muchos hijos; llenen el mundo...» (Gn. 1:28). Esto quiere decir que el proyecto original de Dios estaba pensado para ser vivido en una comunidad. Después del diluvio universal Dios le dio una segunda oportunidad a la humanidad y le encomendó a Noé la misma tarea de organizar una comunidad: «Tengan muchos hijos y llenen la tierra» (Gn. 9:1). Podemos notar de manera nítida que el plan de la creación no podía ser llevado a cabo sin comunidad.

En la promesa de Dios a Abraham de que «por medio de ti bendeciré a todas las familias del mundo» (Gn. 12:3), se muestra con claridad que en la dinámica divina no puede haber comunión sin comunidad. «La esencia de la vida cristiana es la comunidad, el estar junto a los demás; y también es la esencia del Reino: 'estar junto a Dios', cara a cara con él en comunidad» (Dussel, 1986:15).

La iglesia como comunidad humana donde vive la comunidad divina

La iglesia existe como comunidad humana perdonada, en tanto que esté unida a Cristo no se le imputan sus pecados. También es cierto que, en tanto que unida a Cristo, se le han imputado los méritos de Cristo. De ahí que estar «en Cristo» es la razón fundamental del «ser» de la iglesia. Esto quiere decir que la iglesia no existe en sí misma, sino solamente en comunión con Cristo. La diferencia entre la humanidad perdonada y la no perdonada es que la primera está en Cristo y la segunda permanece en Adán (1 Co. 15:22).

Sin comunión en Cristo la iglesia no puede ser la comunidad de Dios. La iglesia es esa realidad corporativa donde Cristo vive tanto en la historia real (inmanente) como vive en su trascendencia. Con toda razón Bonhoeffer dice que: «La iglesia es Cristo en el presente... Cristo existe como comunidad... Cristo es la persona corporativa de la comunión cristiana» (Bonhoeffer, 1961:120).

No podemos conocer a Dios sin ser iglesia. Conocerlo es estar unido a él, es estar «en Cristo». Se puede saber de Dios, mas no se puede conocer a Dios sin estar en Cristo. Dios se revela en la iglesia. Dios no puede revelar algo que no sea él mismo, de la misma manera que no puede regalarnos nada sin regalarse él mismo. La revelación de Dios es siempre un acto de encuentro o convergencia con el ser humano en la persona de Cristo (*Logos*). Dios sólo puede ser entendido como auto-revelación y como auto-regalo, y ninguno de estos pueden ser obtenidos sin encuentro; es decir, sin participar en Cristo.

No conocemos a Dios psicológica o intelectualmente; es al abrazarnos a Cristo que le conocemos. Nadie puede conocerle sin tenerle, sin participar de él. Justamente porque Dios nos hace iglesia al participar de él, Bonhoeffer no puede llegar a otra conclusión que «la comunión cristiana es la revelación final de Dios» (Bonhoeffer, 1961:121). Entonces no se puede conocer a Dios sin ser su iglesia (comunidad de fe), y no se puede ser iglesia sin dar a conocer la revelación de Dios.

Cristo vive en la iglesia revelándose como regalo al mundo. En la iglesia llegamos a ser «Cristo para los otros». De la misma forma, en esa comunidad donde Dios se auto-revela en Cristo y celebramos su presencia en la palabra y los sacramentos es que recobramos nuestra verdadera humanidad, nuestra dignidad de personas. Esto sucede por estar unidos a la persona que nos reviste de persona. Sólo en la unión que tenemos con él (en Cristo) recobramos el «sentido de persona». La identidad humana es colectiva y se recupera en la iglesia, ya que fuera de la comunión de Dios no se puede ser ni saber nada. Sólo en la comunión con Cristo nos entendemos como personas de comunidad y es a partir de su persona que descubrimos la dignidad de los demás como personas. Ser y conocer son una experiencia que Dios ha reservado para que se obtenga en comunión y en comunidad; por eso «en Cristo» somos y conocemos.

Dios como comunidad

Una de las doctrinas vertebrales del cristianismo es la común aceptación de un Dios trino; es decir, que existe como Trinidad: un solo Dios, tres personas. La aceptación de un Dios que se nos revela en tres personas es fundamental en la elaboración del dogma de la iglesia. Desde los primeros concilios de la iglesia y los primeros credos que abordaron el tema, este misterio inagotable de un Dios trinitario se constituyó en uno de los puntos de partida para el desarrollo teológico posterior y para entender la dinámica interna de las primeras iglesias.

En realidad, la doctrina de la Trinidad establece que Dios existe desde siempre como comunidad. Lo que es más: Dios es comunidad. Dios es la primera y más importante comunidad que existe, y por lo tanto, modelo para todas las otras comunidades. Boff dice que si Dios existiera como una sola persona, viviría perennemente en soledad. Si existiera como dos personas (el Padre y el Hijo) habría la posibilidad de la separación (uno es distinto del otro), y de la exclusión (uno no es el otro). Pero como Dios existe en tres personas diferenciables e individuales en igualdad, unidad e inclusión, Dios es el modelo máximo de comunidad (Boff, 1986:58-109). Dios es, entonces, comunidad consubstanciada (de la misma sustancia) y eterna (no fue creada). En la revelación escrita se define a Dios como «espíritu» y como «amor»; es decir, como esencialmente espiritual y amoroso. Esto es de suma importancia para entender la esencia misma de la iglesia cristiana: una comunidad de seres espirituales (neumáticos) cuya norma ética de vida en común es el amor. En la dogmática cristiana el Dios Creador es siempre el Dios Trino. Debido a ello, todo lo creado fue hecho para existir en comunión y comunidad, y es esto lo que significa vivir bajo una verdadera espiritualidad.

La comunidad divina presupone una relación «subsistente»; es decir, cada persona existe para la otra en una interrelación permanente. Por ejemplo, el Padre en dicha interrelación es «paternidad», o sea, que actúa como padre. Por su parte, el Hijo es «filiación», lo cual implica permanecer en interdependencia con quien lo ha engendrado. De tal modo que ni el Padre puede ser Padre sin el Hijo, ni el Hijo ser Hijo sin el Padre (Larrañaga, 1990:29). El Espíritu Santo es «reciprocidad» (relación mutua), ya que es engendrado por la relación permanente de amor entre el Padre y el Hijo. Esta dinámica de amor mutuo hace que tanto el uno como el otro se entreguen a sí mismos (que transfieren lo que ellos mismos son) engendrando así la persona del Espíritu. Toda familia, a la luz de la familia divina, necesita estos tres componentes: paternidad, filiación y reciprocidad. De ahí que la Trinidad, al igual que el ser humano y toda comunidad posible, es, ante todo, un conjunto de relaciones: un dar y recibir permanente. Sin estas relaciones, Dios no es más que un frío «demiurgo» (un mero artesano), el humano un ser pero no una persona, y la comunidad un amasijo de seres impersonales.

San Agustín destacaba que las formas operativas de relación de la Trinidad son su aspecto distintivo. Estas relaciones intra-trinitarias son siempre manifestaciones de la naturaleza divina, o sea, del amor. Tratando de explicar que Dios es amor (1 Jn. 1:5), San Agustín insiste que son personas interrelacionadas: el que ama, el amado y el amor. Agustín sostenía que la sustancia divina era el amor, y por lo tanto: «No hay aquí una subordinación del don ni hay una dominación del dador, sino una integración entre el don y el dador del don» (Proke, 1993:21). En este sentido las relaciones características de la Trinidad son: La paternidad (Padre), filiación (Hijo) y don (Espíritu Santo). San Agustín, con notoria particularidad, se refería al Espíritu Santo como «amor» debido a que las Escrituras enfatizan que el Espíritu Santo deposita en nosotros el amor de Dios (Prokes, 1994:21-23). Además, en el Nuevo Testamento el Espíritu Santo se caracteriza por proceder del Padre y del Hijo; y nada procede del Padre y del Hijo que no sea en sí mismo su naturaleza; es decir, el amor.

Entender al Espíritu Santo como «amor de Dios» y como «don de Dios» nos lleva precisamente a comprender la dinámica de la interrelación divina. Dios ama cuando se da a sí mismo como don. En esa transferencia de sustancia, Dios conoce y es conocido. El Espíritu Santo es el amor que existe entre el Padre y el Hijo porque toda acción divina se origina en el amor; pero como Dios ama, al darse transfiere su sustancia por medio del Espíritu Santo. En esto está el meollo de la identidad de Dios.

El amor entre el Padre y el Hijo es mutuo, no unilateral, y sólo en esa permanente transferencia de amor el Padre y el Hijo expresan lo que son. Es por eso que para nosotros, los seres humanos, Dios sólo puede ser entendido como «auto-don», alguien que hace de su propio ser aquello que da (Prokes, 1994:35).

A Dios no lo podemos pensar ni entender como sustancia o como fenómeno. Lo único que podemos hacer es conocerlo a través de la relación en la que Dios se nos presenta como regalo, como don y como gracia. Lo que sabemos de Dios es lo que él ha mostrado de sí mismo. Lo que podemos tener de Dios es lo que nos regala de sí mismo, y por eso nuestra relación con él está basada en su «auto-revelación» y su «auto-regalo». No debe sorprendernos que la Escritura diga: «Pues Dios amó tanto al mundo, que dio a su Hijo único...» (Jn. 3:16), ya que Dios ama entregándose, dándose por lo que ama, y por eso: «El amor más grande que uno puede tener es dar su vida por sus amigos» (Jn. 15:13).

La comunidad

Comunidad, como concepto, se deriva del vocablo *común*, y por lo tanto, comunidad es el conjunto de relaciones interpersonales donde las cosas se tienen en común y son para el bien común. Ser comunidad es formar parte de un conjunto organizado de relaciones (afectivas, familiares, productivas, y demás), donde estas relaciones (recíprocas) construyen el bien común. El bien común es, ante todo, el derecho fundamental a la vida que se expresa en la comunidad cristiana donde se adora al Creador de la vida y se promociona la vida como don divino.

Tal como lo pudimos apreciar en el concepto de Dios como comunidad, entonces cualquier comunidad que refleje el carácter divino debe estar basada en la igualdad, la inclusión y la unidad. La ilustración bíblica por excelencia para explicar esa perfecta relación es la del cuerpo humano (1 Co. 12:13-31): aunque individualmente distintos y con funciones diversas, todos los miembros son de igual valor en el cuerpo humano. De la misma forma, la totalidad de la vida humana solamente se realiza en comunidad.

El reino de Dios

Para la comunidad cristiana el reino de Dios es el estado perfecto de comunidad, donde la unidad, la igualdad y la inclusión llegarán por fin a su culminación. Por reino de Dios entendemos esa dimensión donde Dios es rey y ejerce su dominio; y entrar en su reino es sujetarse a su voluntad, o sea, a su plan cósmico. En su reino, Dios llevará la historia a su punto culminante y no restaurará el reino de David, sino el reino de Jesús: un reino en el cual Jesús es la cabeza. Y si Jesús es el Señor, entonces la comunidad del Reino es la comunidad de quienes servimos al Rey de justicia.

Cuando el Reino alcance la anunciada plenitud; es decir, cuando Jesús establezca plenamente su reino entre nosotros (Mc 13:26ss), una sociedad común y justa será perpetuada. Por eso, quienes ahora formamos la comunidad de los discípulos y siervos del Rey tratamos de incorporar a nuestra vida diaria un carácter y un estilo de vida que promuevan la justicia, la igualdad, la unidad y la inclusión; y todo esto anticipa el Reino por venir. Al entender las cosas de esta manera evitamos casarnos indisolublemente con proyectos humanos y mediaciones históricas. Sin embargo, esto no significa que debamos evitar mediar y materializar nuestro esfuerzo por los principios del Reino haciendo uso de oportunidades e instituciones concretas en el aquí y el ahora.

Esos principios nos ayudan a tener nuevos criterios que se enfocarán siempre en la utopía sagrada del reino eterno de Jesucristo. Nos unimos a quienes buscan la justicia y la libertad, pero no caigamos en la tentación de hacer de ideologías, manifiestos, partidos, instituciones y regímenes fines en sí mismos. Cuando todos y cada uno de estos elementos se desvíen de los incólumes principios del Reino, entonces debemos tornarnos críticos y permanecer fieles a Dios y a su reino; es decir, a la humanidad que Dios quiere recrear en su reino. La plena realización del ser humano únicamente se materializa en comunidad, y por eso el reino de Dios humaniza y se opone a toda desigualdad, opresión y egoísmo (Mt. 4:23; Ef. 5:15). El reino de Dios es esa realidad donde las relaciones humanas son perfectas, lo que significa que el reino de Dios llevará a su culminación el proyecto de comunión y comunidad que fue abortado por la incursión del pecado.

La pseudo-espiritualidad

Dado que la verdadera espiritualidad persigue el establecimiento de relaciones de profunda comunión, toda la espiritualidad cristiana debe estar enmarcada en el amor. El nivel más elevado de madurez cristiana consiste en amar a los demás con el amor con que Dios nos ama. Por lo tanto, la práctica del amor constituye el criterio último con el que se puede determinar la espiritualidad verdadera, o la que es falsa.

La espiritualidad que no se funda en el amor no es más que el culto a una idea que se tiene de Dios, guiado por un deseo de encontrarse con él privadamente. Ese tipo de espiritualidad asume que se puede estar y amar a Dios a solas, cuando en realidad, no se puede amar a Dios y excluir al prójimo. El apóstol lo dice así:

> Si alguno dice: «Yo amo a Dios», y al mismo tiempo odia a su hermano, es un mentiroso. Pues si uno no ama a su hermano, a quien ve, tampoco puede amar a Dios, a quien no ve. Jesucristo nos ha dado este mandamiento: que el que ama a Dios, ame también a su hermano (1 Jn. 4:20-21).

La experiencia religiosa que se refugia en Dios sin establecer las debidas relaciones con los demás seres humanos es una pseudo-espiritualidad de estilo platónico, donde la existencia se mantiene independiente de la idea. Algunos místicos de la Edad Media idealizaron de tal manera la relación privada con Dios, que llegaron incluso al punto de hablar de un «matrimonio místico» con Dios.

El problema con este tipo introspectivo, contemplativo y en el aislamiento en un monasterio de búsqueda de Dios es que pocas
veces terminaba en encuentros y relaciones de comunión con otros
seres humanos. El deseo arrebatado de querer vivir un idilio con
Dios hacía que estos místicos se olvidaran del amor a los semejantes y, por lo tanto, a un amor sin concreción histórica. El amor
divino se caracteriza siempre por su resuelta entrega a favor del ser
humano, mientras que el «amor» de la (pseudo)espiritualidad
«platónica» se caracteriza por un afán egoísta de asirse a Dios y
evade tal entrega.

Aunque es triste decirlo, muchas comunidades cristianas viven
en una contemplación pasiva de su glorioso pasado o de su destino
eterno. En ambos casos la iglesia termina por serle infiel a la historia real. Hay iglesias que viven sumergidas en el pasado, añorando
regresar a los tiempos de la «iglesia primitiva» con sus poderosas
señales y prodigios, pero de tanto mirar hacia atrás se han quedado
petrificadas anhelando la edad de oro de la iglesia y dando culto a
la tradición. Por otro lado, hay iglesias que yacen tan enamoradas
de su destino eterno de gloria, que sus congregaciones se han convertido en una especie de «sala de espera» para ir al cielo prometido. El mensaje y misión de estas iglesias cae en el campo de lo
especulativo y lo fantasioso, y embelesados en la espera del más
allá, no se dan cuenta que la tierra se ha vuelto un infierno por
causa de su negligencia y por la ausencia del amor.

A estas iglesias les puede suceder como en la historia de la can-
ción de «Penélope». Esa joven que esperaba ansiosamente el
retorno de su novio y alistándose para tan preciado momento,
pasaba los días enteros alerta en la estación de trenes. Pero fue tan
grande la aprehensión de aquella espera, que Penélope se abstrajo
del mundo real y pasaba las horas contemplando imaginariamente
a su galán. Cuando finalmente éste llegó, la pobre Penélope no
alcanzó a reconocerlo pues el que ella había tenido durante mucho
tiempo en su memoria durante la espera era completamente diferente al de ahora. Lo mismo sucede cuando la iglesia espera al que
ha de venir, abstraída de la realidad y ensimismada en su propia
imaginación, desvirtuando y despreciando la experiencia máxima
de espiritualidad cristiana que es la vida de amor en la comunidad,
en la historia.

El verdadero amor nunca puede ser platónico, pues el amor no es algo etéreo, imaginario, que tenga su origen en una idea. El amor es la esencia misma de Dios. Dios es amor y es Espíritu; el Espíritu Santo no es otra cosa que el amor que existe entre el Padre y el Hijo. El Dios trino, al transferir amor (transferir Espíritu), comparte su esencia con quien lo recibe. Sólo el Espíritu, que es la realidad plena del amor divino, nos puede capacitar para amar plenamente (ágape), y es por eso que la espiritualidad verdadera es siempre la práctica del amor maduro (ágape), porque el amor es algo que se encarna en hechos concretos y en experiencias tangibles de relaciones constructivas y enriquecedoras.

Pedro negó tres veces a Jesucristo, lo cual se corresponde con las tres veces que el Señor le preguntara: «¿Me amas Pedro?» Es interesante que cada vez que Pedro respondió afirmativamente acerca de su amor por el Señor, éste lo mandó a hacer algo no para él mismo, sino para otros. Jesús lo mandó a encarnar ese amor hacia Dios en una experiencia real entre los seres humanos: «Cuida de mis ovejas» (Jn. 21:17).

Juan Wesley critica la «religión solitaria»; es decir, la búsqueda privada de Dios, sin conexión con la realidad social. Wesley dijo: «El evangelio de Cristo se opone diametralmente a esto; en él no se encuentra la religión solitaria. 'Santos solitarios' es una frase tan contraria al evangelio como 'santos adúlteros'. El evangelio no reconoce ninguna religión que no sea social, ninguna otra santidad que no sea la santidad social» (cf. Justo L. González, 1998:88).

El gran error de la espiritualidad cristiana «platónica» ha consistido en creer que se puede estar privadamente con Dios y que se puede amar a Dios privadamente. El individualismo de la sociedad occidental ha minado de tal manera al cristianismo que ahora ya no entendemos el significado de que «en Cristo» existimos como cuerpo (como comunidad) y que, por lo tanto, toda relación con Dios tiene que ser orgánica; o sea, en conexión y responsabilidad con «el cuerpo de Cristo» al cual hemos sido integrados.

Hablando sobre la presentación de ofrendas a Dios, Jesús nos amonesta a que si estando frente al altar nos acordamos que alguien tiene algo en contra de nosotros, dejemos allí la ofrenda y tratemos primero de reconciliarnos (Mt. 5:21-26). Esto nos hace poner la atención en el hecho de que no podemos estar en paz con

Dios si evitamos nuestra responsabilidad hacia nuestros semejantes. Y lo que es más, es amando a nuestro prójimo que expresamos nuestro genuino amor a Dios. El evangelio según San Mateo lo expone de esta manera:

> Y dirá el Rey a los que estén a su derecha: 'Vengan ustedes, los que han sido bendecidos por mi Padre; reciban el reino que está preparado para ustedes desde que Dios hizo el mundo. Pues tuve hambre, y ustedes me dieron de comer; tuve sed, y me dieron de beber; anduve como forastero, y me dieron alojamiento. Estuve sin ropa, y ustedes me la dieron; estuve enfermo, y me visitaron; estuve en la cárcel, y vinieron a verme.' Entonces los justos preguntarán: 'Señor, ¿cuándo te vimos con hambre, y te dimos de comer? ¿O cuándo te vimos con sed, y te dimos de beber? ¿O cuándo te vimos como forastero, y te dimos alojamiento, o sin ropa, y te la dimos? ¿O cuándo te vimos enfermo o en la cárcel, y fuimos a verte?' El Rey les contestará: 'Les aseguro que todo lo que hicieron por uno de estos hermanos míos más humildes, por mí mismo lo hicieron' (Mt. 25:34-40).

Tratar de amar a Dios de la manera solitaria y privada en que muchos místicos lo hacen es un ejercicio espiritual vacío, por la sencilla razón que Dios no desea ser amado así. El amor necesita hacerse acto concreto en la vida de aquellos a quienes «vemos». Al respetar y amar a quienes el Creador hizo, respetamos y amamos al Creador. La comunión con Dios termina siempre por expresarse en comunidad con los seres humanos.

Jesús resume toda la ley y los profetas en amar a Dios y amar al prójimo. Y llama poderosamente la atención que Juan y Pablo se refieran a esta enseñanza de Jesús de manera aun más detallada. Juan escribe: «Y su mandamiento es que creamos en su Hijo Jesucristo, y que nos amemos unos a otros como él nos mandó» (1 Jn. 3:23). Para Juan, cumplir con los mandamientos es cumplir con «el mandamiento»; es decir, fe en Dios y amor al prójimo. Por su lado, Pablo dice que toda la ley se cumple al «amar a tu prójimo como a ti mismo». Para Pablo, la ley reinterpretada por Cristo tiene un único mandamiento. En su carta a los Romanos nos dice:

> No tengan deudas con nadie, aparte de la deuda de amor que tienen unos con otros; pues el que ama a su prójimo ya ha cum-

plido todo lo que la ley ordena. Los mandamientos dicen: «No cometas adulterio, no mates, no robes, no codicies»; pero estos y los demás mandamientos quedan comprendidos en estas palabras: «Ama a tu prójimo como a ti mismo.» El que tiene amor no hace mal al prójimo; así que en el amor se cumple perfectamente la ley (Ro. 13:8-10).

Así pues, amar al prójimo es obedecer el mandamiento divino, y la obediencia es un acto de fe. Con Dios nos relacionamos por medio de la fe, porque no le podemos ver. Cuando le veamos cara a cara, la fe ya no será necesaria. Es por esto que Juan dice: «Jesucristo nos ha dado este mandamiento: que el que ama a Dios, ame también a su hermano» (1 Jn. 4:21).

Tres enemigos de la espiritualidad verdadera

Hay muchas cosas que atentan contra la verdadera espiritualidad cristiana. Tres de ellas son muy comunes dentro del cristianismo occidental: el dualismo, el individualismo y el pragmatismo.

El dualismo

La filosofía dualista de las religiones indoeuropeas penetró muy temprano dentro del cristianismo. Es más, el cristianismo tuvo que abrirse paso al interior de la cultura greco-romana que estaba impregnada por esa filosofía y, en gran medida, tal encuentro contaminó la interpretación de los conceptos básicos en la teología cristiana. En esa filosofía se plantea que el mundo del espíritu es superior al de la materia, y que estos dos componentes se excluyen mutuamente. Los griegos creían que el cuerpo era la cárcel del alma, del cual ésta debía ser liberada.

El dualismo reduce todo al ser humano a «un alma». Debido a la influencia neoplatónica, la interpretación bíblica cristiana estuvo caracterizada por esa separación dualista, lo que llevó a muchos a teologizar enseñando un desprecio total al mundo físico y al cuerpo. Se llegó a tanto, que incluso la flagelación y tortura fueron interpretadas como medios legítimos para promover el crecimiento espiritual dentro de la cultura religiosa medieval.

Una visión dualista de la realidad histórica y del ser humano siempre termina causando desequilibrio en la espiritualidad de cualquier persona. Esta filosofía no permite que las relaciones interpersonales alcancen niveles de profundidad y responsabilidad ética, y más bien llevan a la evasión, al ascetismo,a la abstracción de la realidad, y en general, a una superficialidad espiritual causada por haber dejado a un lado una de las dimensiones que forman parte del ser humano.

El Credo Apostólico presenta a Dios como «Creador del cielo y de la tierra»; es decir, creador no sólo del orden espiritual y trascendente, sino también del orden físico e histórico. Después de crear el mundo material «...vio Dios que era bueno» (Gn. 1:10, 12, 21, 25). De la misma manera, en el futuro, Dios recreará los cielos y la tierra, y esto quiere decir que, aun en el plano escatológico, el orden físico es un componente esencial.

El Credo Apostólico —siguiendo la enseñanza bíblica— afirma la encarnación del Hijo de Dios; es decir, la irrupción de Dios de manera corporal en la historia humana. Dios, al tomar «forma de siervo» (Flp. 2) —al hacerse hombre— hace del cuerpo físico una mediación de salvación. Con esto no solamente afirma la importancia de lo histórico, sino, más allá de eso, lo sagrado que es. Las Escrituras afirman que Jesús fue en todo «sin pecado», y esto desmiente el postulado dualista de que lo físico o material es malo en sí mismo. Por último, el Credo Apostólico afirma la creencia del cristianismo primitivo en la resurrección del cuerpo, con la cual contradice la teoría de la «inmortalidad del alma» sostenida por la cosmogonía griega.

El cuerpo es tan importante dentro de la tradición cristiana que el ministerio público de Jesús registra una multitud de sanidades y varias resurrecciones. Incluso en el futuro, la expectativa final es la resurrección definitiva del cuerpo. En otras palabras, en la tradición judeocristiana la persona humana es un ser unitario al que no se le puede separar en sus diferentes componentes a través de una disección. El ser humano es un ser integrado e integral. Aunque en el lenguaje bíblico se usan diferentes términos como «alma» (Lc. 12:19,RV; Stg. 4:4,RV), «carne» o «cuerpo» (Hch. 2:17,RV; Mt. 16:17, 19:5, RV; Lc. 3:6, RV), y «espíritu» (Hch. 17:16, RV; 1 Co. 16:18, RV) para referirse al ser humano, estos términos siempre designan a la persona en su totalidad.

El individualismo

Como fenómeno social, el individualismo encuentra sus orígenes en la civilización occidental moderna. Cuando Europa rompió el bloqueo del mundo islámico después de la conquista del «Nuevo Mundo», el europeo se afirmó como «conquistador» y esto degeneró en una visión «europocentrista» del mundo (Dussel, 1994:17-25). El «yo» del hombre blanco conquistador se fue tornando cada vez más grande y agresivo. Con la ayuda de Descartes, la de Kant y la Ilustración, el europeo reclamó su total autonomía, que en el ámbito político derivaría posteriormente en anarquía, y en el ámbito individual, en indiferencia hacia los demás seres humanos. «Por causa del individualismo la indiferencia no es el resultado de una decisión deliberada, sino un corolario de como veo al mundo» (Ford, 1990:46). El individualismo consiste en la búsqueda de la defensa de los derechos y el logro de la satisfacción de las necesidades y deseos del individuo. Al individuo se le ubica como el centro de atención, como la fuente de todo valor y dignidad. Esto presupone que el ser humano existe y puede mantener su condición de ser humano en total independencia de otros seres humanos y de la naturaleza. Tal apriorismo filosófico termina en hedonismo y narcisismo; es decir, en la autosatisfacción y en la búsqueda de la felicidad como bien privado. Es por eso que en la sociedad moderna la satisfacción de las necesidades y la búsqueda de los intereses individuales terminan por ser una justificación real para la competencia, la indiferencia social, el exclusivismo y para dejar de vivir en comunidad.

En nuestra sociedad, el individualismo como «culto al ego» es un componente cultural bastante bien internalizado, pero que está carcomiendo la esencia del cristianismo. Bajo esta perspectiva muchos han interpretado la fe cristiana como algo individual y reservado, y por eso entienden la relación con Dios como algo que solamente se da entre el individuo y Dios, y no como una experiencia comunitaria. De ahí que su énfasis sea en «la salvación individual del alma» y desechen el sentido de compartir colectivamente en el reino de Dios.

Así pues, el individualismo es el gran destructor de las relaciones interpersonales, ya que centra toda su atención en la persona misma y hace caso omiso de lo exterior. Es por ello que el individualismo no es compatible con la fe cristiana, ya que ésta constantemente requiere convertirse en amor, justicia y servicio. El ensimismamiento del individualismo hace que el «ego» se convierta en un ídolo. Esta manifestación contemporánea de la idolatría acelera el proceso de fragmentación y neutraliza la operatividad de cualquier sentido de comunidad. Las palabras de Jesús: «Yo no vine a ser servido sino a servir» no tienen cabida en la sociedad individualista. El individualismo encaja mejor con la teoría del «esclavo feliz», que sigue siendo esclavo de sus deseos, aunque sus deseos estén satisfechos. El individualismo es una enfermedad de la modernidad que deja al ser humano sin «capacidad gregaria» y, por lo tanto, sin posibilidades de convertirse completamente en ser humano.

El film «One Hour Photo», protagonizado por Robin Williams, plantea el asunto de los estragos que la soledad puede producir en el ser humano. Esta soledad se ve exacerbada en las llamadas sociedades desarrolladas. La soledad en sociedades super-tecnológicas tiende a producir sociópatas en serie y es la epidemia del mundo postmoderno.

El pragmatismo

El pragmatismo es fruto de una sociedad que ha llegado a un estado de industrialización avanzado, donde la tecnología no sólo ha desplazado al ser humano dentro del proceso de producción, sino que la producción en sí misma es más importante que el valor intrínseco del ser humano. En una sociedad pragmática existe un continuo culto a lo novedoso y, en ese sentido, un culto a la tecnología, en particular porque gracias a ella la producción puede efectuarse con mayor eficacia. En los países desarrollados se tiene a la tecnología como un ser viviente, que con poderes mágicos sirve de plataforma para sostener un optimismo de masas.

Rubén Alves aborda este asunto y dice que la tecnología ofrece la base histórica para una filosofía del optimismo donde la persona se transforma en alguien que controla y domina (Alves, 1976:240). Lo que Alves percibe es acertado. Ese optimismo tecnocrático —que se convierte en control y dominio— llega a invadir tanto la dinámica de la sociedad postmoderna que termina por controlar y dominar a quienes participan en ella. Así es como la cultura tecnológica pierde aceleradamente su sentido humanitario. El individuo común sumergido en esta cultura, con mucha frecuencia, se convierte en un ser superproductivo pero insensible y ajeno al mundo de los demás. Este ser humano, más bien, se ha convertido en una «isla tecnológica».

Dentro de las sociedades tecnocráticas el ser humano es fundamentalmente un «productor» cuyo único código de vida es la eficacia. Con el fin de ser más eficaz dentro de una cultura dedicada a la producción por medio de la tecnología, el ser humano se amolda inconscientemente a la dinámica de la producción tecnificada. Como resultado de este proceso el ser humano se devalúa a sí mismo como persona y se convierte en un «engrane» dentro del mundo de las máquinas, y que sólo sirven en tanto que ayudan a la eficacia de la producción.

Como estilo de vida, el pragmatismo deteriora la percepción de la condición humana, y le resta importancia al complejo mundo de las relaciones interpersonales. La cultura post-industrializada no sólo ha remplazado la mano de obra por el uso de la máquina, sino que ahora el ser humano ha aprendido a relacionarse mejor con las máquinas y de esta manera evitar las relaciones con el ser humano. En conclusión, todas las actividades humanas se burocratizan y orientan hacia la producción. Los procedimientos, reglas, normas y horarios en definitiva se convierten en más importantes que la relación misma con el ser humano. Así pues, el pragmatismo genera un elevado nivel de deshumanización porque promueve la fidelidad a las instituciones y la racionalización extrema de la realidad humana. A final de cuentas, el ser humano de la era cibernética es superficial, poco emotivo, profundamente solitario y, lo peor, en su inconsciente supone que al encontrarse con otro ser humano, puede tratarlo como a cualquier máquina.

Espiritualidad y justicia social

El amor tiene una dimensión social. El amor proviene de Dios y es siempre amor de justicia (ágape) y por eso precisamente nos lleva a la «exterioridad» (Dussel), a la apertura y a la proximidad; en fin, al encuentro servicial con el prójimo. Reinhold Niebuhr dice que:

> El amor suple las necesidades del prójimo, sin sopesar y comparar cuidadosamente las necesidades de éste con las propias. Por

lo tanto, es éticamente más puro que la justicia, dado que ésta emerge por vía de la razón (Niebuhr, 1932:57).

De cierta manera la justicia se deriva del amor; esta es su manifestación colectiva. Por eso Tisa Balasuriya añade:

> El amor no puede ser practicado sin justicia. El amor sólo puede construirse sobre la justicia, ya que la injusticia es ausencia de amor. El amor no es una alternativa para la justicia. No hay sustituto para la justicia. La justicia es el comienzo del amor (Balasuriya, 1984:261).

La espiritualidad tiene su origen donde convergen lo trascendente y lo histórico, pues la espiritualidad es la experiencia humana en la que estas dos dimensiones se integran para complementarse. En la concepción bíblica se presenta a la espiritualidad como la dimensión más elevada de la constitución del ser humano. Ahora bien, esto no significa —como en el caso de la cosmogonía griega— una entidad interior (alma) diferente y contraria al cuerpo. Cuando en el Nuevo Testamento se habla de la «vida en el Espíritu» es para referirse a la totalidad de la dimensión humana que se subordina a la acción del Espíritu Santo en la historia. Cuando se refiere al ser humano como «carne», no solamente indica el cuerpo de quienes no están subordinados al Espíritu, sino que se refiere al ser humano completo, aunque estos nieguen la realidad de lo trascendente, y se aferren a su propia realidad y deseos.

El ser humano es un todo; pero tiene dos posibilidades: Abrirse a la realidad divina que lo llena y que trasciende toda la historia, o ensimismarse en su propia realidad histórica y así negar la acción divina. Lo trascendente es aquello que no se acaba con la historia. Teológicamente es lo escatológico. Dios es trascendente, su reino es escatológico; y estar abierto a lo trascendente es participar de Dios y de su reino, y esto sólo es posible por medio del Espíritu Santo. La iglesia es la vanguardia de ese Reino en la historia, el anticipo de lo que viene después de que ésta llegue a su fin.

Como comunidad escatológica en la iglesia convergen lo trascendente y lo inmanente. El proyecto de la iglesia, aunque orientado éticamente en dirección al reino escatológico, es un proyecto que tiene lugar en la historia. Para Jesús, solamente hay una historia, y donde lo histórico y lo escatológico solamente son dimensiones de la realidad global.

El reino de Dios es una realidad que obra dentro de la historia, en vez de ser simplemente una meta hacia la cual tiende la historia. La fe, como el modo presente de nuestra participación en el reino de Dios, no es ni la contemplación indiferente de una verdad externa a nosotros mismos, ni confianza en un poder totalmente externo al mundo en que vivimos. La verdad y el poder están activamente obrando en nosotros (Dulles, 1977:13).

En otras palabras, aunque no es de este «mundo» —y no lo es porque tiene su origen en Dios que lo trasciende todo— el reino de Dios le da sentido a la historia al mismo tiempo que la transforma. El reino de Dios le da sentido a la historia al mismo tiempo que destruye la actividad del mundo que se opone al Reino, porque sólo así la realidad angustiosa del ser humano puede ser transformada. Solamente cuando los cristianos vemos la crisis de la historia humana desde la perspectiva del Dios trascendente que penetró la historia, es que nos hacemos conscientes de que la maldad e injusticia son una negación del reino de Dios; o sea, la negación misma de la salvación anunciada y prometida en Jesús.

Sólo un ser humano abierto a la realidad divina absoluta y trascendente puede experimentar este tipo de espiritualidad. En el caso particular de la espiritualidad cristiana, el ser humano que se abre a lo divino encuentra en Cristo, y en su cruz, la única vía de encuentro con Dios. En sí mismo Jesucristo es la unión de lo trascendente y lo histórico, por lo que «vivir en el Espíritu» es estar abierto a la acción de Dios a través de nuestra vida en la historia. Una de las características fundamentales de la espiritualidad cristiana es que no sólo permite que lo histórico esté abierto a lo trascendente, sino que, además, incorpora lo trascendente a la historia humana. Es decir, Jesús y su reino se encarnan en la historia. Por lo tanto, la espiritualidad cristiana busca recuperar la historia humana como el lugar de la salvación. Este tipo de espiritualidad ora: «Vénganos tu reino» y no «Llévanos a tu reino».

Cuando la relación entre lo histórico (lo creado) y lo trascendente se interrumpe, se pierde una de las dos fuentes que informan la espiritualidad cristiana; y lo mismo pasa cuando se sobre-enfatiza una de ellas. A semejanza de lo que sucede con la persona de Cristo, enfatizar su naturaleza divina podría conducirnos a la desviación «monofisita», mientras que enfatizar su naturaleza humana podría conducirnos a la desviación «nestoriana». Para no caer en estas desviaciones tenemos que mantener en su justa proporción lo histórico y lo trascendente, entendiendo que lo creado (histórico) fue hecho por quien lo trasciende todo. Así como en Cristo lo humano y lo divino están unidos indisolublemente, de la misma manera la espiritualidad cristiana integra estas dos realidades. En la teología cristiana, lo físico y lo espiritual no se excluyen entre sí, sino que se complementan en una perfecta integración.

En muchos casos la experiencia cristiana de fe ha terminado en un total reduccionismo, producto de una equivocada interpretación de lo histórico y lo divino. Por un lado, espiritualizar lo divino y satanizar lo histórico, y por el otro, desteologizar la acción histórica, son las dos tendencias más comunes.

Espiritualización de lo divino y satanización de la historia

Esta primera tendencia opera identificando la acción de lo divino únicamente dentro de la esfera de «lo espiritual». Abrirse a lo trascendente es, por lo tanto, cerrarse a lo histórico. Lo histórico, lo físico —incluyendo lo social y lo político— es considerado como «mundano» y, por lo tanto, repudiado y hasta satanizado. A partir de esta mala lectura de la realidad, se termina en un enamoramiento enfermizo con el más allá, con el «cielo». Pero el cielo, en este caso, es un concepto neutral, ambiguo y conformista.

Si la espiritualidad cristiana simplemente se contenta con la devota contemplación de lo trascendente o lo divino, el cristiano termina por serle infiel a la historia. Ya no ora que *«venga* a nosotros tu Reino», sino *«llévanos* a tu Reino». Este tipo de espiritualidad termina por ser una piadosa negación de la acción de Dios en la historia; las Sagradas Escrituras se interpretan a partir de categorías dualistas y neoplatónicas con lo que se les despolitiza; y lo que queda es un manual de ejercicios espirituales místicos, sin la capacidad de alentar la búsqueda para la transformación del orden establecido.

Dentro de este modelo, como dice monseñor Arnulfo Romero, la concepción de Dios es la de «un Dios espiritualista», al que define como:

El Dios desencarnado es el Dios del sacerdote y del levita que pasaron cuando vieron al herido, al pobre judío, y no le hicieron caso. Es el Dios de aquellos que dicen: «¡Ah! ¡la iglesia ya se metió en política, sólo habla de socialismo y de cosas terribles!» Y es porque ellos quisieran que no se hablara de esas cosas, que no se hiciera caso al hombre herido (21 de mayo, 1978).

Desteologizar la acción histórica

En esta segunda tendencia, Dios es una mera presuposición teórica de poca importancia dentro de la ecuación real; una especie de apéndice simbólico y decorativo. Aquí a Dios se le ha reducido a una especie de demiurgo o, en lo peor, a un ser supremo que ha delegado su responsabilidad histórica a leyes físicas o a la limitada conciencia humana.

Esta tendencia enseña a leer la historia humana como la única realidad y, por lo tanto, en la que lo sobrenatural no interviene. Así pues, la realidad se reduce a un inmanentismo que excluye la acción histórica de Dios; y el reino de Dios, por lo tanto, solamente es un proyecto humano intrahistórico y en el cual Dios solamente es la «idea» central en un discurso moralizante.

Espiritualidad como praxis

Gustavo Guitiérrez dice que «Nuestra metodología es nuestra espiritualidad» (1979:176). Por metodología entendemos la manera de hacer las cosas; y esto implica que precisamente nuestra acción cristiana, entrega, militancia y creencia, en definitiva, son nuestra espiritualidad. Espiritualidad es la acción concreta que permanentemente intenta vivir la fe. Es en este sentido que la espiritualidad es praxis. La praxis implica el encuentro con otros seres humanos, hacia los que se dirigen las acciones que los constituyen como personas. Dicho acto constructor, que es el fin de dicha acción, es una decisión consciente y libre. No hay una praxis humana más parecida al actuar divino que aquella que se genera por causa del amor (ágape).

Esa praxis que brota del amor ágape, siempre termina en actos de justicia. La espiritualidad entendida como un acercamiento a Dios que esté divorciada de un encuentro existencial con la *acción* de Dios en la historia, es un sinsentido. Participar de la acción de Dios, dirigida al objeto de su amor (la humanidad), es en definitiva la praxis verdadera. El encuentro con Dios y la participación en su acción de amor sólo son posibles en el encuentro con nuestro prójimo en actos (praxis) similares de auto-entrega amorosa.

Todo grupo social humano experimenta un proceso de polarización en su interior que surge por la necesidad de control, poder y dominación de un sector sobre otro. El egoísmo, en este proceso social, se convierte en clasismo y elitismo, que son expresiones del «pecado estructural». Este pecado estructural, o social, no solamente es un estado de separación que mina las relaciones interpersonales, también debilitará las estructuras sociales, las instituciones y toda la dinámica de la vida colectiva. El resultado son vidas afectadas por la rivalidad entre los dos grupos principales: los «dominadores» y los «dominados». Los dominadores implementarán condiciones injustas de vida como la opresión, la segregación, la marginación; mientras que los dominados sistemáticamente serán las víctimas del pecado estructural ejercido por los opresores. Sin embargo, el pueblo es más que una turba humana, más que un montón de gente, más que una nación o una clase social. El pueblo son todas las víctimas del sistema dominante que opera sobre la base de la desigualdad socio-política, económica y cultural. Todo sistema dominante busca perpetuarse, eternizarse y, por ello, actúa como si tuviera el poder absoluto para decidir el destino humano. Esto implica que todo sistema dominante termina por constituirse en «una divinidad».

Frente a este «poder absoluto», el pueblo es una realidad antagónica, que alimenta la esperanza por una liberación que le permita vivir en igualdad y justicia, y siempre es impulsado por un deseo utópico de transformar el orden deshumanizante y excluyente en una realidad humanizante y comunitaria. En el evangelio del reino de Dios, la iglesia proclama y anticipa ese horizonte nuevo y de justicia. «Buscad primeramente el reino de Dios y su justicia» (Mt. 6:33, RV), es la afirmación de que la justicia es la praxis que brota del amor verdadero, porque no hay reino sin justicia.

El concepto de justicia como manifestación de la verdadera espiritualidad cristiana descansa en el reconocimiento del «otro» (de quien está a nuestro lado). En esta dirección es que Enrique Dussel nos apunta, al desarrollar el concepto de *alteridad*, término que usa para referirse a la «otridad» (estar ante el otro).

La alteridad

Dussel incorpora la alteridad al campo de la teología para explicar distintos aspectos de la ética cristiana (Dussel, 1973,70-75). Yahvé es, por ejemplo, el «Dios alterativo» *par excellence*, ya que su existencia y presencia antecede a todo lo creado, y todo lleva su indeleble marca. Nada puede existir en sí mismo sin estar al mismo tiempo frente a Dios.

Que Yahvé sea el Dios alterativo (el «Otro» por excelencia) no implica el principio panteísta de que Dios esté *en* todo lo creado, más bien quiere decir que todo lo creado está sujeto a Dios y da cuenta a Dios. En otras palabras, lo alterativo es aquello existente, ajeno o externo a nosotros mismos que nos interpela, que nos ubica en la historia y que nos demanda la toma de decisiones éticas. En la ecuación de la vida humana Dios nos sale al paso como alterativo, como esa voz externa creadora de conciencia, conversión y ética.

«Entonces el Señor (Yahvé) preguntó a Caín: '¿Dónde está tu hermano Abel?'» (Gn. 4:9). Dussel utiliza el fratricidio cometido por Caín para explicar en detalle el fenómeno de la alteridad, y comienza estableciendo dos categorías básicas que existen en oposición. Por un lado está lo alterativo que está relacionado a la «palabra» o al «espíritu», por lo que Dios es la gran alteridad. La contraparte es la «carne», traducida también como «totalidad», por el hecho mismo de que pretende vivir como si ninguna otra cosa existiera fuera de ella misma, como que si lo exterior no fuera apelante ni necesario para seguir viviendo. Dado que la «carne» o «totalidad» es en sí misma una negación de lo exterior, entonces es esencialmente atea ya que niega la alteridad misma. Dussel explica:

> El único pecado, o falta, es «totalizar» la totalidad (carne) a tal punto que se la diviniza, y con ello no se escucha ya la voz de la exterioridad... El fratricidio es la «totalización» de Caín, su implantación como único e irrebasable. El único pecado es matar al otro. Al desaparecer la «alteridad» (Abel, el hermano), la carne

se diviniza. La serpiente tentadora dice a Adán: «Seréis como dioses» (Dussel, 1973:70).

Abel era la alteridad respecto a Caín, porque Caín era responsable ante Dios por la vida de su hermano. Cuando Dios mismo reclama la vida que él —como fuente de la vida— ha creado, todo aquello donde reside la vida, en especial nuestro prójimo, tiene en sí mismo un carácter alterativo que nos hace responsables del «otro» y nos exige que actuemos éticamente.

Debido a que Dios puso su «aliento de vida» en los seres humanos, ahora nosotros somos responsables de ese aliento de vida. Y no sólo del nuestro, sino del que reside en nuestro prójimo. Ese común aliento de vida nos une y nos hace responsables de nuestros hermanos. El ser humano que quiere ignorar su origen, siempre se considerará sin responsabilidad alguna por el destino de su prójimo.

De la misma manera, y porque Dios puso su imagen y semejanza en el ser humano, el primero de los mandamientos dice: «No tendrás dioses ajenos delante de mí. No te harás imagen, ni ninguna semejanza de lo que esté arriba en el cielo, ni abajo en la tierra, ni en las aguas debajo de la tierra» (Ex. 20:3-4, RV). La expresión «delante de mí» se refiere precisamente al carácter de Dios como el supremo «Otro», ante quien estamos continuamente presentes. Así pues, la prohibición de tener imágenes de cualquier tipo tiene que ver precisamente con el hecho de que la imagen del Dios Creador fue puesta en el ser humano. Distraernos con otras imágenes nos haría perder la oportunidad de reconocer en nuestros semejantes la imagen y grandeza de Dios, y de reconocer así la *alteridad* que también es nuestro prójimo. Negar la imagen divina (*imago Dei*) en nuestros semejantes, es negarse a reconocer la «otridad» que Dios le dio al ser humano, y será una postura que revela el deseo de totalizarse, o sea, de considerarse el único y por encima de todos. Por consecuencia, matar al prójimo es en realidad un acto de ateísmo. El ateo no niega a Dios como ser, más bien niega la alteridad como una realidad.

En el lenguaje bíblico, el caos en las relaciones interpersonales se describe con la imagen de tinieblas, y el producto de la separación o ruptura de relaciones como la muerte misma. El amor, por el contrario, se describe con las imágenes contrarias a las tinieblas y la muerte (1 Jn. 2:9-11). De diferentes maneras, también nos dice que sólo quien toma en serio a Dios puede tomar en serio a su prójimo. Por ejemplo, en 1 Juan 2:5 se nos dice: «En cambio, si uno obedece su palabra, en él se ha perfeccionado verdaderamente el amor de Dios». Quien reconoce en esa palabra la voz del Otro y se dispone a vivir éticamente de acuerdo con lo que ella dice, es quien verdaderamente ama a Dios.

Adán y Eva no mataron a Dios para quedar libres de la responsabilidad ética de la alteridad, simplemente hicieron caso omiso a la voz alterativa, buscaron divinizarse y así se apartaron del plan de Dios. El deseo (carnal) de totalización siempre es el deseo de colocarse por encima de los demás y de satisfacer los propios deseos (egocentrismo). Esto termina no divinizándonos, sino haciéndonos ídolos; es decir, algo que quiere existir para robar la atención de los seres humanos e imposibilitarlos para reconocer la alteridad.

Perder o ganar la vida

> En el principio ya existía la Palabra; y aquel que es la Palabra estaba con Dios y era Dios. Él estaba en el principio con Dios. Por medio de él, Dios hizo todas las cosas; nada de lo que existe fue hecho sin él. En él estaba la vida, y la vida era la luz de la humanidad. Esta luz brilla en las tinieblas, y las tinieblas no han podido apagarla (Jn. 1:1-5).

La batalla de Cristo contra la muerte tuvo su base en su amor por nosotros. A causa de este amor obedeció a Dios al morir en favor nuestro y darnos acceso a la vida (Heb. 5:7-8). Para transformar al mundo es necesario que por amor nos entreguemos a la lucha contra la muerte a pesar de que esto pueda acarrear nuestra propia muerte, porque «El amor más grande que uno puede tener es dar su vida por sus amigos» (Jn. 15:13).

El amor es la verdadera señal de que estamos en la luz y somos hijos de luz (Jn. 12:36, 1 Ts. 5:7-9). La comunidad cristiana se caracteriza por su amor. Así que, al vivir en amor, la iglesia se convierte en una comunidad que da testimonio de Cristo, de la vida, de la luz y por lo que el apóstol advierte:

Y, sin embargo, esto que les escribo es un mandamiento nuevo, que es verdad tanto en Cristo como en ustedes, porque la oscuridad va pasando y ya brilla la luz verdadera. Si alguno dice que está en la luz, pero odia a su hermano, todavía está en la oscuridad. El que ama a su hermano vive en la luz, y no hay nada que lo haga caer. Pero el que odia a su hermano vive y anda en la oscuridad, y no sabe a dónde va, porque la oscuridad lo ha dejado ciego (1 Jn. 2:8-11).

Cada vez que tratamos de vivir buscando nuestra propia satisfacción, defendiendo nuestro ego y justificando nuestra indiferencia por los demás, nuestros caminos se internan en las tinieblas. La advertencia es inequívoca: «El que trate de salvar su vida, la perderá, y el que pierda su vida por causa mía, la salvará» (Mt. 10:39). Y con esto se nos dice que el precio de la vida es la vida misma. Aborrecer, odiar, o ignorar a una persona, entonces, es trabajar para el reino de la muerte, donde el homicidio es la norma: «Todo el que odia a su hermano es un asesino, y ustedes saben que ningún asesino puede tener vida eterna en sí mismo» (1 Jn. 3:15). Los hijos e hijas de Dios saben que el plan cósmico de Dios es que nos amemos, porque Dios es amor y su reino se establece por y con amor.

«Vivir en el Espíritu»

Si la espiritualidad es obra de la actividad del Espíritu en nosotros y se manifiesta en relaciones constructoras de comunión, entonces «vivir en el Espíritu» es vivir en comunión y comunidad. En ocasiones, vivir en el Espíritu se asocia con estilos estereotipados de piedad religiosa que se describen en frases tales como: «una persona consagrada por completo a las cosas de Dios». La realidad, sin embargo, es que «vivir en el Espíritu», como resultado de una experiencia profunda de comunión con Dios, siempre se traduce en el establecimiento de relaciones maduras y enriquecedoras con quienes compartimos la vida. Por ejemplo, si una persona se dedica a una vida de continua oración y adoración a Dios y eso no se traduce en una vida de compañerismo, respeto y amor para y con quienes le rodean, en realidad no es una vida en el Espíritu. Esto podría compararse con el efecto de «rebote» que se produce cuando una pelota se lanza contra la pared. Es decir, con la misma intensidad con que nos acercamos a Dios, Dios nos hace «rebotar» hacia nuestro prójimo. La vida en el Espíritu es siempre vida en comunidad; es decir, una vida donde las relaciones dinámicas constructoras de comunión son una experiencia cotidiana.

Ahora bien, aunque el soplo divino nos hizo seres espirituales para estar en comunión y participación con Dios, la presencia del pecado destruyó esa capacidad especial espiritual que el ser humano había recibido. Pablo incluso llega a afirmar que el ser humano sin Dios está muerto en sus delitos y pecados. El Espíritu convirtió al ser humano en un ser viviente, y también es muy cierto que el pecado lo hizo morir. Del Espíritu nace la vida y «del pecado... nace la muerte» (Stg. 1:15).

La única oportunidad que ahora tiene el ser humano para vivir en el Espíritu —y así construir esa relación de profunda comunión para la que fue creado— es sobreponiéndose al pecado. Sin embargo, esto es algo que al ser humano le es imposible por sí mismo. El ser humano necesita reencontrarse con el Espíritu creador, con el Espíritu de vida, y necesita reconectarse a la fuente de vida para revertir el efecto de la muerte que fue traída por el pecado.

Según San Pablo, el Espíritu Santo produce en nosotros un efecto de futuro, y es esto lo que nos lleva a anticipar la ética del reino escatológico de Dios. Así pues, el Espíritu de la creación es en nosotros el de la ya anticipada nueva creación. «Vivir en el Espíritu» es precisamente vivir en el plano de lo «nuevo», de la creación futura. El teólogo alemán, Paul Tillich, lo dice así: «El cristianismo vive gracias a la fe con que cree que en su interior habita lo nuevo» y que «Cristo se despojó de todo cuanto podía envejecer... al morir renunció a todas estas cosas, y así reveló la única cosa nueva que es eternamente nueva: el amor» (Tillich 1968:291-292).

Vivir en el Espíritu es lo contrario a vivir en la carne. Si vivir en la carne es volcarse a satisfacer los propios deseos y necesidades individuales, entonces vivir en el Espíritu es vivir en función de los demás y, por amor a ellos, aplazando nuestros objetivos y deseos para servir a nuestros semejantes. El Espíritu nos lleva a volcarnos hacia nuestro prójimo, porque sólo buscando el bien y la felicidad de nuestros semejantes es que logramos la nuestra.

La ley del Espíritu que da la vida

Si sólo el Espíritu Santo da vida, entonces sólo por el Espíritu el orden resquebrajado por el pecado puede ser revertido. Así pues, vivir en el Espíritu no es simplemente otra forma de vida, sino vivir plenamente. En los capítulos 6 y 7 de la carta a los Romanos, Pablo tiene dos objetivos en mente. El primero es demostrar que estar bajo la gracia, aunque nos libera de la opresión de la ley, no es un salvo-conducto para seguir viviendo en el pecado. El segundo es demostrar que, en sí misma, la ley no es pecaminosa, aunque por ella el pecado se haya hecho evidente. Pablo lo dice así: «La ley en sí misma es santa, y el mandamiento es santo, justo y bueno» (Ro. 7:12).

La pregunta obligatoria es: ¿Cuál es el fundamento de Pablo para afirmar la santidad de la ley? Pablo explica que la ley lo ha llevado a reconocer su incapacidad e impotencia ante las demandas de la vida establecidas por Dios, y que sus únicas posibilidades de relacionarse con Dios dependen de la capacidad de Dios y no de las suyas propias (Ro. 7:7-11).

Pablo hace público el reconocimiento de su propia impotencia en el verso 11: «Porque el pecado tomando ocasión por el mandamiento, me engañó, y por él me mató» (RV). Pablo se declara hombre muerto, pero ¿cuál fue ese mandamiento que lo mató? En los versos anteriores Pablo se refiere al mandamiento que lo hizo morir: «No codicies» (v. 7). Cuando Pablo creía que podía cumplir con todos los mandamientos de la ley, este mandamiento le reveló su impotencia, su incapacidad para cumplir la ley.

Los primeros nueve mandamientos del Decálogo se pueden cumplir a fuerza de disciplina rigurosa, pero el último de ellos («no codicies»), tiene que ver con nuestras concupiscencias o deseos egoístas, y para éstos no existe disciplina que pueda domesticarlos. Pablo comprendió que no hay forma de cumplir la ley por el solo esfuerzo propio. Es este estado de frustración —«¡Desdichado de mí! ¿Quién me librará del poder de la muerte que está en mi cuerpo?» (v. 24)— que lo hace reconocer que sólo en Dios tiene posibilidad de vida. Así pues, Pablo reconoce que la ley le ha revelado que en él existe un cuerpo de muerte, un deseo que lo arrastra a pecar. La ley del Espíritu, por lo contrario, pone vida en el ser humano para que éste no sólo rechace satisfacer sus propios deseos egoístas (amor propio, diría San Agustín), sino que se capacite para amar a los demás.

Contrario a esto, los judíos creían que era la ley la que daba vida. Pero sólo el Espíritu de Dios lo hace. Por sí misma, la ley externa es incapaz para transformarnos de seres egoístas en seres espirituales amorosos. Sólo el Espíritu Santo, como «ley interna», puede transformar al ser humano. La ley de Moisés y la del Espíritu son la misma. Ambas pueden ser cumplidas a través del amor. Pero, dado que sin el Espíritu el ser humano no es fuente de amor en sí mismo, entonces la ley de Moisés es irrealizable. Quien quiera cumplir absolutamente la ley, sólo logrará vivir un riguroso legalismo que, en vez de vida, traerá frustración (Ro. 8:4). Sólo el Espíritu es amor, y sólo en el amor hay vida.

Pablo asegura que «Toda la ley se resume en este solo mandato: 'Ama a tu prójimo como a ti mismo'» (Gl. 5:14). Paul Althus, en su estudio sobre el mandamiento divino, demuestra la existencia de una diferencia entre lo que llamamos la ley y el mandamiento (Althus, 1966). Según él, el mandamiento es anterior a la ley, pero después de la entrada del pecado, el mandamiento se expresó negativamente a través de la ley. En todo caso la ley contiene el mandamiento que es la voluntad amorosa de Dios. La ley es un «memorial» para nuestra naturaleza caída que nos recuerda que nuestros deseos se apartan continuamente de la voluntad de Dios; es decir, del mandamiento que existe desde el principio y que no es otra cosa que el amor.

Al reinterpretar la ley, Jesús la resume totalmente en el amor: «Ama al Señor tu Dios con todo tu corazón, con toda tu alma y con toda tu mente» y «Ama a tu prójimo como a ti mismo» (Mt. 22:37-40). Jesús nos lleva a redescubrir que la esencia misma de la ley mosaica reposa en el mandamiento eterno del amor. La forma negativa de la ley (que siempre comienza con «no») se debe a que la ley es una respuesta al pecado humano. El pecado es la negación de la voluntad divina, es la negación del amor y, por lo tanto, la negación de la plena existencia humana. Por eso precisamente la ley no es otra cosa que la negación de la negación.

Santiago pone en perspectiva el asunto de la ley y el amor:

> Ustedes hacen bien si de veras cumplen la ley suprema, tal como dice la Escritura: «Ama a tu prójimo como a ti mismo.» Pero si hacen discriminaciones entre una persona y otra, cometen pecado

y son culpables ante la ley de Dios. Porque si una persona obedece toda la ley, pero falla en un solo mandato, resulta culpable frente a todos los mandatos de la ley (Stg. 2:8-10).

Si dejar de cumplir una de las exigencias de los diez mandamientos se consideraba dejar de cumplir toda la ley, cuánto más dejar de cumplir con el amor, que es la esencia y sentido de la ley misma. Es amando que cumplimos toda la ley. La ley es en realidad una invitación al amor y, por lo tanto, el fin de la religión. El cristiano no se conforma con las prescripciones religiosas de la ley como lo hace el judío. Para el cristiano, la ley es un código moral con implicaciones religiosas, porque el cristiano sabe que detrás de la ley está el mandamiento eterno del amor. El Espíritu construye comunidad, y no prácticas religiosas: «La hermandad es una realidad neumática [del Espíritu]» (Bonhoeffer, 1982:20-25).

Pautas para una espiritualidad madura

En la cultura noratlántica, la madurez siempre está asociada a la independencia. Esto quiere decir que una persona prueba que ha alcanzado un nivel de madurez cuando deja de vivir bajo la tutela y cuidado de sus padres. Es por eso que el núcleo familiar norteamericano se desintegra tan rápido, y todo por el deseo de la conquista de la independencia.

Sin embargo, la madurez no es el producto de la ruptura de relaciones y la autosuficiencia, sino que es el producto de la responsabilidad que alcanzan estas relaciones. Para muchas culturas, un individuo es maduro cuando demuestra poder relacionarse (relaciones familiares, de trabajo, y demás) de manera responsable con todo aquello que forma su mundo. La madurez no es independencia. Muy por el contrario, la madurez es interdependencia.

El nivel más elevado de madurez espiritual

Antes de trabajar las pautas de una espiritualidad madura, es prudente discutir no sólo la dinámica de la interdependencia en la espiritualidad cristiana, sino también su finalidad.

El nivel más elevado de la espiritualidad cristiana madura es el ejercicio del amor. En la iglesia de Corinto, aparentemente, muchos pensaban que los niveles superiores de espiritualidad estaban ligados a los dones espirituales. Muchos de ellos creían que había una escala de dones que determinaban el rango espiritual de un cristiano. Por esta razón, en el capítulo 13 de la primera carta a los Corintios, Pablo les aclara que no es en el ejercicio de los dones en lo que reside la verdadera espiritualidad, sino en el ejercicio del amor. Cualquier espiritualidad que no esté fundada en la práctica del amor, nunca llegará a ser una espiritualidad madura.

Sólo en el amor el ser humano llega al nivel más alto de espiritualidad —su relación con Dios y el mundo creado— pues sólo en el amor el ser humano llega a la plenitud de sus capacidades y conquista la libertad plena. Solamente al amar es que el ser humano prueba estar libre de aquello que lo esclaviza. El prefacio a la ley mosaica dice: «Yo soy el Señor [Yahvé] tu Dios, que te sacó de Egipto, donde eras esclavo» (Ex. 20:2). Inmediatamente después de recordarles su libertad, Dios les da la ley, para que practiquen una forma de vida como pueblo libre. Sin embargo, parece que ellos no se dieron cuenta de que el fin de la ley era llevarlos a una relación profunda de amor a Dios y al prójimo y, por lo tanto, la ley se tornó un yugo esclavizante. La ley promovía el encuentro con los demás y llevaba al conocimiento perfecto, en especial porque la esencia de la ley es el amor. «El pleno conocimiento presupone el pleno amor. Dios me conoce porque me ama; y yo le conoceré cara a cara por una unión similar, que es amor y conocimiento al mismo tiempo» (Tillich, 1968:174).

Con toda razón el profeta Jeremías dice:

> El Señor afirma: «Vendrá un día en que haré una nueva alianza con Israel y con Judá. Esta alianza no será como la que hice con sus antepasados, cuando los tomé de la mano para sacarlos de Egipto; porque ellos quebrantaron mi alianza, a pesar de que yo era su dueño. Yo, el Señor, lo afirmo. Esta será la alianza que haré con Israel en aquel tiempo: Pondré mi ley en su corazón y la escribiré en su mente. Yo seré su Dios y ellos serán mi pueblo. Yo, el Señor, lo afirmo» (Jer. 31:31-33).

Martín Lutero interpretaba así esta profecía: «Creo que la frase: 'Escribiré la ley en sus corazones', dice lo mismo que 'el amor está infuso en nuestros corazones por el Espíritu Santo'. Esto es, en el mismo sentido, el cumplimiento de la ley de Cristo y de la ley de Moisés» (cf. Cassese, 1998:105). Esta profecía del Espíritu Santo tiene su cumplimiento en el Pentecostés (Hch. 2:1-11). Es una nueva alianza utilizando la misma ley; pero en esta ocasión la ley, que es en esencia amor —y por lo tanto Espíritu— penetra los corazones y las mentes para revelar un conocimiento especial —que ya no es conocimiento externo sino interno— que transforma al ser humano y lo deja libre para amar. «Donde está el Espíritu del Señor, allí hay libertad» (2 Co. 3:17). El adoctrinamiento riguroso que se estilaba para llevar a los seres humanos a «conocer» a Dios, ahora se suple por el amor. Por la acción del Espíritu Santo, ahora las leyes están dentro de nosotros (amor infuso). Lo que necesitamos conocer ya lo tenemos: el amor, que es el Espíritu, a través del cual Dios se ha auto-revelado. Dios nos ha dado «la ley del Espíritu» que es la ley que trae vida (Ro. 8:2); y que es también llamada la «ley de Cristo», o sea, la ley del amor (Gl. 6:2). Pablo dice que esta ley del amor se resume en un solo mandamiento: «Ama a tu prójimo como a ti mismo» (Gl. 5:14), y Juan se refiere a ella como «el mandamiento» (1 Jn. 3:23).

Como nos podemos dar cuenta, la verdadera libertad no consiste en la autonomía o independencia en las relaciones, sino, por el contrario, se constituye por la interdependencia y responsabilidad. El amor lo demanda todo. Con toda razón Lutero decía que por la fe el cristiano era *libre de todo*, pero por el amor era *esclavo de todos*. El amor requiere siempre lo mejor de nosotros, y nos deja en libertad para servir a los demás. Así pues, no es extraño que San Agustín concluyera: «Ama y haz lo que quieras». Ahora somos esclavos del amor y, por lo tanto, soberanamente libres para servir.

El apóstol Juan, después de dar una verdadera cátedra sobre el amor cristiano, concluye su primera carta de esta sugestiva manera: «Hijitos, guardaos de los ídolos. Amén» (1 Jn. 5:21, RV). Pero ¿qué tiene que ver el amor con la idolatría? El apóstol trata de demostrar a través de toda la carta que el amor cristiano se fundamenta sobre una verdad y, entonces, salta a la vista que el ídolo es una mentira que lleva a la esclavitud. Sobre esto, Fromm nos dice que:

> El ídolo es la forma alienada de la experiencia de sí mismo que tiene el hombre. Al adorar al ídolo, el hombre adora su yo. Pero este yo es un aspecto parcial, limitado del hombre, su inteligen-

cia, su fuerza física, el poder, la fama, y así sucesivamente. Al identificarse con un aspecto parcial de su yo, el hombre se autolimita a este aspecto, pierde su totalidad como ser humano y cesa de crecer. Depende de un ídolo, ya que solamente en la sumisión al ídolo encuentra sombra, aunque no la sustancia, de su yo (E. Fromm, 1989:44).

Lo que Fromm trata de decirnos es que el ídolo termina por ser una proyección de nosotros mismos y, aunque amarnos a nosotros mismos es concomitante con amar a los demás (ama a tu prójimo como a ti mismo), la idolatría del yo termina por abstraer o ensimismar a la persona al punto que ya no le importa nada fuera de sí mismo (egolatría). Consecuentemente la hace indiferente a lo externo y, por lo tanto, la incapacita para amar. Con el ídolo no se puede tener comunión porque no está vivo. Ninguna relación con él resulta en comunidad humana. En él las posibilidades de amar están negadas. En otro de sus escritos Fromm añade:

> En la idolatría el hombre se inclina y somete ante la proyección de una cualidad parcial de sí mismo. No se experimenta como el centro desde el cual irradian los actos vitales de amor y razón. Se convierte en una cosa, su prójimo se convierte en una cosa. Así como sus dioses son cosas (Fromm, 1974:12).

La sociedad occidental contemporánea super-industrializada, tecnológica y consumista se nos presenta atractiva como una sociedad adquisitiva con un continuo culto a la moda, a lo nuevo y con una invitación a poseer cada vez más cosas. El materialismo de esta «sociedad artificial» es tan grotesco y carcome tanto al espíritu humano, que lo degrada y despersonaliza hasta lo sumo. Atraído por esta filosofía de la afluencia, el ser humano de la actualidad ahora le rinde culto al ídolo en que ha convertido al «mercado» (F. Hinkelammert, 1993). En su adoración a las cosas, sin darse cuenta, el mismo ser humano termina por cosificarse.

Resumen

En este primer capítulo hemos ofrecido un marco operativo de términos, conceptos y presuposiciones teológicas que nos serán útiles en el posterior desarrollo del tema de la espiritualidad.

Quizás el asunto más sobresaliente en este capítulo es la afirmación de que la teología y la espiritualidad no pueden estar separadas. La teología es la conceptualización o el contenido teórico de la experiencia de fe, por lo que todo quehacer teológico responsable debe partir de la «inmersión» en la fe, es decir, en la espiritualidad.

También establecimos que la espiritualidad verdadera es aquella que nos lleva a relacionarnos de manera responsable con otros, y esto nos sirvió como base para identificar la llamada «pseudo-espiritualidad»; a los tres enemigos de la espiritualidad verdadera: dualismo, individualismo y pragmatismo; y para sentar las pautas de una espiritualidad madura.

Destacamos que el componente social de la espiritualidad se expresa en la justicia; y ésta es la conclusión inevitable de nuestra responsabilidad con el prójimo, no sólo en privado, sino también colectivamente.

El próximo capítulo nos introducirá a una lectura de la creación basada en la teología de la espiritualidad cristiana. Allí podremos ver con más claridad algunos de los conceptos que hemos bosquejado en este primer capítulo.

2. Hacia una teología de la espiritualidad de las relaciones humanas

El apóstol les advierte que si son hombres espirituales no deben «vivir para sí», sino «soportar las flaquezas de los débiles» como dice Pablo en Romanos 15:1, pues si no procedían de esta manera habían hecho un comienzo en el Espíritu pero no andaban en el Espíritu, puesto que se habían convertido en orgullosos despreciadores de sus hermanos.

Martín Lutero

El orden de lo creado

Todo el orden de lo creado guardó una relación perfecta de armonía, unidad y propósito. A medida que Dios creaba las piezas de la cadena de la creación éstas encajaban perfectamente entre sí: «Y vio Dios que todo lo que había hecho estaba muy bien» (Gn. 1:31). Dios comienza a crearlo todo de la nada y a establecer orden dentro del desorden existente (v. 2). Lo más importante es que Dios creó todo por medio de su Espíritu el cual se movía sobre la tierra. El Espíritu de Dios es el amor que existe entre el Padre y el Hijo, y es, por lo tanto, la comunicación y la comunión eterna. En el evangelio según San Juan 1:1-3, leemos: «En el principio ya existía la Palabra; y aquel que es la Palabra estaba con Dios y era Dios. Él estaba en el principio con Dios. Por medio de él, Dios hizo todas las cosas; nada de que lo existe fue hecho sin él». Que la Palabra (logos) de Dios es creadora, es decir, origen de la vida, concuerda perfectamente en propósito con el Espíritu que incubaba la tierra.

Dios es en esencia Espíritu, amor y también comunidad. Dios creó por su Espíritu y movido por amor para ampliar la comunidad de los vivientes más allá de su propia existencia. Una comunidad es un conjunto de relaciones. Dios creó todo para relacionarse con lo creado, pero no en cualquier tipo de relación, sino en una relación perfecta; es decir, en una relación de amor. Dios reveló en la creación su esencia misma, que es Espíritu, amor y comunidad, y es así que permanece relacionado a lo que creó. Quien ama se hace vulnerable al objeto de su amor. Por eso Dios, quien «amó tanto al mundo», envía otra vez su Palabra sobre la tierra —a su Hijo, el Verbo encarnado— para reconciliar con él a lo creado. Dios parece negarse a existir sin ser el eterno *Emanuel*, el «Dios con nosotros».

La comunidad: El plan cósmico de Dios

En el comienzo de todo, Dios creó el cielo y la tierra. La tierra no tenía entonces ninguna forma; todo era un mar profundo cubierto de oscuridad, y el espíritu de Dios se movía sobre el agua. Entonces Dios dijo: «¡Que haya luz!» Y hubo luz. Al ver Dios que la luz era buena, la separó de la oscuridad (Gn. 1:1-4).

Desde el comienzo, el plan de Dios fue cambiar las tinieblas por la luz, el caos por el orden, el vacío por la vida. El proyecto creador es el proyecto de la vida, y en éste Dios quiere que en la tierra exista una comunidad que sea imagen de la suya. Crear vida es la esencia del plan cósmico de Dios; pero esta vida no es una existencia aislada de todo lo demás de la creación, sino una vida en comunidad, una vida que refleje el carácter gregario (comunitario) de Dios. La creación, como está descrita en el Génesis, fue el primer ensayo de comunidad, de reunir todas las cosas creadas en perfecta armonía, todas las cosas creadas en relación y sujeción al Creador.

El ser humano fue creado a «imagen» y «semejanza» de Dios (Gn. 1:26-27, RV). Lo que esto quiere decir es que, a diferencia de las demás cosas creadas, es una persona, y por lo tanto tiene una personalidad, es capaz de pensar y decidir, y es un ser espiritual como su Creador. Es importante destacar que la «imagen y semejanza de Dios» (*imago Dei*) también se puede ver en el carácter gregario del ser humano (hombre y mujer) que fue creado para vivir en comunión (común-unión) con Dios y todo lo creado; y, lo más importante, para poder vivir con sus semejantes en igualdad, unidad e inclusión. Según los textos del Génesis, Dios admite que no era bueno que el hombre estuviera solo (Gn. 2:18) y por esa razón le crea una compañera. Con ello se establece el germen mismo de la comunidad. Así pues, la comunidad humana —como proyecto de vida dentro del plan cósmico de

Dios— fue diseñada para ser la co-creación-histórico-simbólica de la comunidad trinitaria; es decir, la comunidad de los co-creadores.

El ser humano como co-creador

La armonía, la unidad y el propósito de la creación eran perfectos y esto se debía a que todo existía en dependencia con el Creador. El ser humano era el ser creado más elevado de la creación, pues sólo de éste se dice que fue hecho por la Trinidad a su imagen y semejanza: «Hagamos al hombre a nuestra imagen, conforme a nuestra semejanza...» (Gn. 1:26, RV). El objetivo de esa semejanza no era cosmético. Dios en realidad buscaba delegar en el ser humano funciones importantísimas.

En el plan original, el ser humano era socio de Dios en la empresa de la creación, es decir, co-creador. La creación existía como un mundo de relaciones, y el ser humano, como ser espiritual y psíquico creado a imagen y semejanza de Dios, existía con un propósito-vocación definido dentro de ese conjunto de relaciones creadas. Su imagen y semejanza con Dios no explica totalmente lo que el ser humano era, pero deja ver la vocación con la que fue creado. El ser humano está llamado a ser imagen y semejanza de Dios en la medida en que, como Dios, se relaciona con lo creado.

Más que crear de la nada (*ex-nihilo*), el ser humano fue llamado a crear a partir de lo creado; es decir, a construir relaciones nuevas cada vez más productivas. Como dice Boff: «El hombre es el pequeño dios que representa al gran Dios». Somos representantes del Creador. Continúa diciendo Boff:

> Dios, por lo regular, no interviene de forma directa en su creación. Pero interviene, sigue creando y habla a través de su órgano en el mundo: el hombre. Conquistando el mundo de tal manera que llegue a ser Señor de él y no su esclavo es como el hombre sirve a Dios. No existe, pues, oposición entre el mundo que debemos construir y el Dios que debemos amar (Boff, 1985:49).

En Génesis 1:26-28 encontramos lo siguiente:

> Entonces dijo: «Ahora hagamos al hombre a nuestra imagen. Él tendrá poder sobre los peces, las aves, los animales domésticos y

los salvajes, y sobre los que se arrastran por el suelo.»

Cuando Dios creó al hombre, lo creó a su imagen; varón y mujer los creó, y les dio su bendición: «Tengan muchos, muchos hijos; llenen el mundo y gobiérnenlo; dominen a los peces y a las aves, y a todos los animales que se arrastran.»

Este pasaje nos dice que al ser humano, como representante de Dios, se le delegó la función de administrar lo creado. Esto quiere decir que sus facultades especiales le permitirían mantener la armonía, la unidad y el propósito de lo creado; esto no significa otra cosa que mantener ese complejo conjunto de relaciones llamado creación, en interdependencia con el Creador que le ha dado la existencia. Así como Dios existe participando de sus personas, el ser humano debe existir en plena participación con su Creador y con todo lo demás creado.

Ahora bien, el ser humano no puede llegar a la plena armonía hasta que otro ser igual exista y con el cual pueda participar. Dios mismo reconoce que «no es bueno que el hombre esté solo...» (2:18). De la misma manera en que la Trinidad existe como «participación creadora», el ser humano necesita participar de otros seres iguales, que le permitan realizarse plenamente como ser humano y así alcanzar el nivel más alto posible de la creatividad; es decir, la productividad plena.

El ser humano afirma su ser sólo en presencia de otro ser humano, porque sólo así puede alcanzar la potencialidad total de su «divinidad delegada». En la participación —en la relación profunda con Dios en Cristo y en la construcción de comunidad— el ser humano no sólo se humaniza plenamente, sino que también se «diviniza» (*teosis*); es decir, crece en él lo divino, y se va transformando según el plan de Dios. La imagen divina que el ser humano perdió por el pecado no es otra cosa que una forma especial de relación. Ahora, dada la restauración de esa relación por Dios en Cristo, el ser humano puede relacionarse (con Dios y su hermano) y echa a andar el proceso de restauración de esa imagen perdida, e incluso proseguir hasta la estatura de la medida de Cristo.

Es cierto que el ser humano, a diferencia de los animales, vive del fruto de su trabajo (es *homo-faber*). Sin embargo, no es el trabajo en sí lo que le da su realización y significado plenos, sino saberse participante junto a otros del proyecto divino de producir, multiplicarse y administrar la creación de Dios. Como ya lo dijimos antes, toda la creación es un conjunto de relaciones de interdependencia que —manteniendo la armonía, la unidad y el propósito— necesita ser llevado a su desarrollo pleno. Sin otro ser humano Adán no podría haber participado plenamente y, por lo tanto, no lograría el desarrollo pleno de su potencial creativo. Sólo en relación con otro ser espiritual igual, es que el ser humano puede construir una relación de amor en la que transfiere la sustancia misma de Dios; y es a través de ésta que toda la creación logra la interrelación plena. «El hombre —dice Boff— está situado entre Dios y el mundo: Frente al mundo como Señor, frente al otro como hermano y frente a Dios como hijo» (Boff, 1985:51).

Existir como ser espiritual daba al ser humano la posibilidad de ser libre y, por lo tanto, de poder amar como acto responsable de esa libertad. Los animales no podían amar porque habían sido creados para ser sojuzgados por el ser humano. Pero cuando un ser humano sojuzga, controla o esclaviza a otro ser humano, destruye el principio mismo de la creación. Al arrebatar al otro su libertad, el mismo deja de relacionarse en amor, deja al otro incomunicado e imposibilitado para ejercer su función de co-creador.

Lutero nos da una pista importante para entender el asunto de la imagen de Dios en el ser humano. En su concepción la imagen de Dios no era principalmente física en el ser humano y por eso, a pesar de perderla, siguió siendo humano en el plano de la realidad material. Así, la imagen de Dios para Lutero tiene que ver con ciertas capacidades especiales con las que el ser humano fue dotado originalmente. Karl Barth, siguiendo a Lutero, afirma que esa capacidad era la de poder relacionarse. Barth decía que el Dios trinitario nunca está solo en sí mismo y que, por lo tanto, no podía menos que crear al ser humano «varón y hembra»; es decir, con la capacidad de relacionarse no sólo con Dios, su creador, sino también con otros seres creados: «No es bueno que el hombre esté solo» (Gn. 2:18). Emil Brunner, otro teólogo que estudió este asunto, también sigue la brecha abierta por Lutero. Brunner creía que dicho don de la imagen de Dios tenía que ver con la capacidad para responder en amor y libertad a la voluntad de Dios. En ambos casos se nota la intención de presentar la imagen de Dios como capacidad para relacionarse. Es decir, como una acción, y no solamente como un asunto etéreo o puramente teórico.

Esto explica por qué el pecado —que quebranta las capacidades con las que el ser humano fue dotado— en última instancia es el gran destructor de las relaciones. Así pues, debido a su deteriorada capacidad para relacionarse y responder en amor y libertad a su función co-creadora, el ser humano parece nacer solo. De esta manera se puede decir que la pérdida del ser humano, ocasionada por el pecado, es de carácter «invisible». En otras palabras, la imagen y semejanza perdidas no se pueden percibir a simple vista o físicamente. Dios no tiene forma humana y, por lo tanto, el ser humano no fue despojado de cualidades físicas a consecuencia de la caída. Más bien, perder la imagen y semejanza de Dios significó la inhabilitación de su capacidad para relacionarse con lo «visible».

Tal vez el uso de una analogía nos ayude a comprender mejor lo expuesto. Un hogar y una casa no son lo mismo. Aunque a simple vista no se note la diferencia, el hogar implica una cierta atmósfera («invisible») de interacción con que operan los miembros de la familia. En el hogar la intimidad, la empatía y la unidad hacen la diferencia. De la misma manera, la intención original de la creación es que funcionara como un *hogar* y no simplemente como una «casa». El aspecto invisible del «hogar-creación» fue quebrantado por la presencia del pecado y fue la distorsión en las relaciones que la convirtió en una «casa-creación». Es decir, el pecado interrumpió y deformó esas relaciones (invisibles) que la hacían un *hogar*.

Orígenes insiste en que: «Donde hay pecado hay diversidad; pero donde reina la virtud hay singularidad, hay unidad» (citado por Fromm, 1989:132). Por causa del pecado, lo más humano del ser humano (su capacidad para relacionarse), que es también lo más divino en él, ha quedado distorsionado. De ahora en adelante el ser humano convertirá todas sus relaciones vitales en relaciones de desigualdad: manipulación, servilismo, megalomanía, egoísmo, sadismo, opresión, y muchas otras semejantes. Esto lo podemos ver, por ejemplo, en que después de pecar, Adán y Eva comenzaron a verse como extraños, ya no pudieron reconocerse como «seres en unidad». Había algo al interior de sus vidas que les impedía ser uno solo. Fromm describe este estado diciendo:

> «Estaban juntos, sin embargo, se sentían separados y distantes. Sentían la vergüenza más profunda: la de enfrentarse a un prójimo estando 'desnudo' y simultáneamente experimentaron un

alejamiento mutuo, un abismo indescriptible que separa a uno de otro» (Fromm, 1978:121).

Cuando desde la cruz Jesús, hecho pecado, con angustia pregunta: «Dios mío, Dios mío, ¿por qué me has abandonado?» (Mc. 15:34), es porque está descubriendo la miseria de la soledad humana, que es la fibra más sensible de la condición humana. En la cruz Jesús toca fondo, está experimentando una faceta antes desconocida para él, pero así también asume la miseria de la soledad que azota a los humanos. Sin experimentar la fragmentación y aislamiento humano, Jesús no hubiese podido revertirlo. Puesto en palabras de la tradición de la iglesia se diría «lo que no se asume no se redime». La soledad, que es una manifestación del pecado, lleva a la muerte. Boff nos dice:

> La muerte implica una definitiva soledad; por eso el hombre la teme y huye de ella como huye del vacío. Simboliza y sella nuestra situación de pecado que es la soledad del hombre que rompió la comunión con Dios y con los otros. Cristo asumió esa última soledad humana. La fe nos dice que bajó a los infiernos; es decir, que traspasó los umbrales del radical vacío existencial, a fin de que de ahora en adelante, ningún mortal pudiese sentirse solo (Boff, 1980:155).

Solamente en la dimensión de la fe es que el ser humano recobra su capacidad co-creadora (amar), y esto se debe a que la fe es en sí misma una relación: «La fe es una relación entre Dios y el hombre e implica que cada declaración de fe es al mismo tiempo una afirmación acerca de Dios y la humanidad» (Aulen, 1962:20).

La creación y el pecado

Sin libertad y sin amor, el ser humano no alcanza a vivir en el plano de lo espiritual, pues lo espiritual es la experiencia encarnada de amor, que en sí mismo es el origen de las relaciones plenas. Así pues, sólo en amor se puede construir comunidad, y ésta es el espacio humano donde existen vínculos de amor, donde la común-unión es una realidad. Es allí donde Dios se hace próximo al igual que nuestros hermanos.

El estado de pecado es una realidad opuesta a la comunión y es, en sí mismo, la negación de toda relación plena. Así pues, el pecado engendra una experiencia inversamente proporcional a la que genera el amor. Esto quiere decir que el pecado es básicamente antagónico a la esencia divina. Si la creación manifestaba la esencia misma del Creador (Espíritu-amor-comunidad), entonces el pecado irrumpió como una realidad opuesta a la creación y a sus principios básicos: armonía, unidad y propósito.

El estado de pecado es esencialmente un estado de separación entre el ser humano y el Creador. Esta separación tuvo consecuencias sobre todo el orden de lo creado, debido fundamentalmente al hecho de que el ser humano (por imagen y semejanza) representaba a Dios ante el resto de la creación. Así pues, cuando el ser humano se encuentra en un estado de pecado, el resultado es que queda completamente separado de todo. Al igual que un cristal se separa en cientos de pedazos al romperse, de la misma manera el ser humano experimenta esa total separación provocada por el pecado. Ese ser creado para vivir en interdependencia, que afirma su ser en la participación cósmica de lo creado, se ve atrapado en la irresponsable independencia que origina el pecado. Con toda razón dice Tillich que: «El hombre es un fragmento y un enigma para sí mismo» (Tillich 1978:178).

El ser humano creado no tenía dudas, pues todo lo que conocía, lo conocía a través de Dios, su Creador. Pero después, el conocimiento del ser humano se desconectó de Dios; porque, al querer conocer por sí mismo, el ser humano solamente consiguió separarse de la fuente del conocimiento. Sobre esto comenta Bonhoeffer: «Ahora el ser humano se conoce como algo apartado de Dios, fuera de Dios, y esto significa que ahora solamente se conoce a sí mismo y ya no conoce a Dios. Porque sólo se puede conocer a Dios cuando se le conoce a él únicamente». Además, añade que «El conocimiento del bien y del mal es, entonces, separación en relación con Dios. Sólo en oposición a Dios puede el hombre saber lo bueno y lo malo» (Bonhoeffer, 1965:18).

El ser humano, esclavizado por sus propios deseos, impulsivamente busca su autocomplacencia; en su condición de pecador, vive centrado en sí mismo, abstraído de quienes le rodean, y sólo recurre a los otros en la medida que puede obtener placer o servicio de ellos. Así pues, al dar rienda suelta a sus deseos, la persona sólo puede vivir para sí misma. Freud decía que la angustia originalmente surge por reprimir los impulsos de la libido (deseos), cuando en realidad es lo contrario. La descontrolada satisfacción de esos impulsos no hace más que deshumanizar a los individuos y teje un manto espeso de angustia colectiva.

La armonía, la unidad y el propósito de la creación fueron dañados por la profunda y múltiple fragmentación que trajo el pecado. El ser humano quedó separado de Dios, de su prójimo, de sí mismo y de la naturaleza. Caos y maldición penetraron la creación. Si bendición es vida, maldición es muerte; por lo tanto, el imperio de la muerte ha «minado la creación». Estar separados (en pecado) es participar de la muerte: «Antes ustedes estaban muertos a causa de las maldades y pecados» (Ef. 2:1). No eran el espacio y el tiempo por sí mismos los que daban sentido a la existencia humana, sino la relación en armonía, unidad y propósito que subyacían en la creación.

Como un estado, el pecado es una realidad en contra-sentido. Dios creó en medio de aquello que estaba «desordenado y vacío», donde las tinieblas tenían control de todo. Toda la revelación de Dios es una respuesta ante el sinsentido dejado por las tinieblas. Dios crea y se revela para «dar sentido», porque ambas cosas son acciones originadas en su amor. Para que la revelación tenga sentido debe penetrar en lo histórico, en la esfera de la creación, debe establecer relaciones con lo creado, porque la revelación divina es «buenas nuevas» en medio del caos.

El destino del ser humano está marcado por la muerte. La creación comparte ese funesto destino. Dice Tillich:

> La tragedia de la naturaleza está ligada a la tragedia del hombre, así como la salvación de la naturaleza depende de la salvación del hombre. ¿Qué significa esto? La humanidad siempre ha soñado en un tiempo en el que la armonía y la alegría llenaban toda la naturaleza, y la paz reinaba entre ésta y el hombre; el paraíso, la edad de oro. Pero el hombre, al violar la ley divina, destruyó esta armonía, y ahora existe enemistad entre el hombre y la naturaleza, y aun en la misma naturaleza. En las melancólicas palabras de Pablo se oye el eco de este sueño. Es un sueño, pero contiene una profunda verdad: el hombre y la naturaleza se pertenecen mutuamente, tanto en su gloria creada, como en su tragedia y en su salvación. Así como la naturaleza, representada por la «ser-

piente», condujo al hombre a la tentación, así el hombre, al transgredir la ley divina, arrastró la naturaleza a la tragedia (Tillich,1968:131).

La polarización de los reinos dentro del orden de la creación

El ensayo de comunidad fue abortado por la presencia alienante del pecado. El pecado logró fragmentar todos los aspectos de la vida humana: sus relaciones. Pecado, como ya dijimos, es el estado de múltiple separación y, por lo tanto, todo lo contrario al proyecto de comunidad y vida.

Sabemos que el fruto de tal estado de separación es la muerte, porque «la paga del pecado es muerte» (Ro. 6:23, RV). Todo proyecto donde la separación sea promovida o legitimada, es un esfuerzo que se opone al plan cósmico de Dios: la vida en común. Pablo nos dice que «...todos pecaron, y están destituidos de la gloria de Dios» (Ro. 3:23, RV), y estar destituidos de la gloria de Dios se debe entender como estar separados de su presencia. Después que Adán y Eva traicionaron el plan cósmico de Dios fueron expulsados de su presencia. No se está hablando, por supuesto, de una presencia geográfica, sino de la ausencia de relaciones. El pecado, como estado de la condición humana, es la ausencia de «relaciones constructivas» entre el ser humano y Dios, entre el mismo ser humano, entre el ser humano y sus semejantes, y entre el ser humano y la creación. Barth hablaba de la «carne» como el «sinsentido» (Barth, 1933:284). Esta «carne» como realidad que se opone al Espíritu, se manifiesta en la ausencia de relaciones.

El pecado atenta contra la vida. El propósito del pecado es acortar la vida, negarla, destruirla, hacer que prevalezca la muerte en lugar de la vida. El panorama bíblico nos presenta dos grandes reinos cósmicos, dos sistemas inversamente proporcionales (Col. 1:12-14). El uno es el reino de las tinieblas, de maldad, de muerte. El otro es el reino de la luz, del bien; es el reino de Dios, el reino de la vida. El antagonismo de estos dos reinos se detalla en el Nuevo Testamento. Pablo nos asegura que en Cristo hemos sido liberados y trasladados de un reino a otro.

Darán gracias al Padre, que los ha capacitado a ustedes para recibir en la luz la parte de la herencia que él dará al pueblo santo. Dios nos libró del poder de las tinieblas y nos llevó al reino de su amado Hijo, por quien tenemos la liberación y el perdón de los pecados (Col. 1:12-14).

En el vocabulario bíblico, las tinieblas representan la muerte. Por otro lado, Jesús se nos presenta como la luz. Así que la luz pone de manifiesto aquello que se trata de encubrir en las tinieblas. Y por esto, quienes estamos en el reino de la luz participamos activamente en la lucha contra las tinieblas, contra la muerte.

Los que no creen, ya han sido condenados, pues, como hacían cosas malas, cuando la luz vino al mundo prefirieron la oscuridad a la luz. Todos los que hacen lo malo odian la luz, y no se acercan a ella para que no se descubra lo que están haciendo. Pero los que viven de acuerdo con la verdad, se acercan a la luz para que se vea que todo lo hacen de acuerdo con la voluntad de Dios (Jn. 3:19-21).

Jesús dijo: «El que no es conmigo, contra mí es» (Mt. 12:30, RV). Esto quiere decir que la batalla contra el mal está declarada y que «la comunidad de la luz» está en guerra.

Protéjanse con toda la armadura que Dios les ha dado, para que puedan estar firmes contra los engaños del diablo. Porque no estamos luchando contra poderes humanos, sino contra malignas fuerzas espirituales del cielo, las cuales tienen mando, autoridad y dominio sobre el mundo de tinieblas que nos rodea (Ef. 6:11-12).

Así que al defender la vida estamos extendiendo el reino de la luz. En la actualidad se hace necesario identificar con discernimiento las formas tan sofisticadas en que las tinieblas disfrazan su reino de muerte. Nos toca ser astutos para encontrar y desactivar todas las formas en que ese reino de maldad opera y busca destruir a nuestros semejantes. La mentira, la envidia, la anarquía, la opresión, el racismo, la injusticia, y otras cosas semejantes, están dejando a nuestros semejantes en la oscuridad, en la muerte. Como comunidad cristiana estamos llamados a anunciar las buenas nuevas, a optar y luchar por la vida.

En este día pongo al cielo y la tierra por testigos contra ustedes, de que les he dado a elegir entre la vida y la muerte, y entre la bendición y la maldición. Escojan, pues, la vida, para que vivan ustedes y sus descendientes; amen al Señor su Dios, obedézcanlo y séanle fieles, porque de ello depende la vida de ustedes y el que vivan muchos años en el país que el Señor juró dar a Abraham, Isaac y Jacob, antepasados de ustedes (Dt. 30:19-20).

Restablecer el mundo creado

Pablo enfatizó que tanto el pecado como la gracia reconciliadora son estados que imperan en la relación creador-criatura. La ambición del ser humano (Adán y Eva) lo llevó a arriesgar el proyecto original de comunidad. Desde entonces la relación creador-criatura se rompió. Tal estado de separación y sin vistas de reconciliación se refleja en la propia fragmentación de las relaciones intra-humanas, como lo vemos en el caso de Caín y Abel (Gn. 4:1-12). El relato de la construcción de la torre de Babel (Gn. 11:1-9) también es un ejemplo representativo y, por lo tanto, simbólico de la comunidad organizada en contra de la propia comunidad; es decir se convierte en la anti-comunidad. Este grupo, aunque tenía ideales nobles y religiosos, buscaba satisfacer sus propios intereses; era un grupo estrictamente organizado con fines particulares. El grupo que dirigía el proyecto de Babel estaba buscando el beneficio particular de un grupo sin tomar en cuenta los intereses del resto de la comunidad global. Aunque titánico, ese esfuerzo atentaba contra la unidad de la comunidad global. El lenguaje común que existía entre los miembros del grupo particular que desarrollaba el proyecto de la torre de Babel, nos indica que probablemente los intereses de ese grupo pudieron haber sido de tipo étnico. Este grupo, con metas definidas y altamente organizado en la proyección de sus planes, se convierte en una conspiración contra la comunidad.

En la actualidad nuestra sociedad está estructurada de tal forma que las relaciones interpersonales continuamente se organizan de maneras semejantes a los de la torre de Babel. Las clases sociales, las élites intelectuales y políticas, el racismo, el sexismo y las injusticias económicas y sociales son algunos ejemplos de «torres de Babel» que permiten a grupos específicos reunirse para buscar sus propios intereses. Así pues, el proyecto de Babel es un proyecto dentro de una comunidad que beneficia solamente a una y, por lo tanto, automáticamente se convierte en un proyecto que destruye a la misma comunidad. Cuando el bien común deja de ser la motivación práctica de las relaciones interpersonales, se debe a que el respeto y amor por «el otro» se han devaluado dentro de la comunidad; y a que, en su lugar, sólo ha prevalecido y se ha materializado un entendimiento egoísta de la realidad.

El proyecto anticomunitario de Babel se puede dar en todos los niveles de la vida humana. Cada vez que el partidismo y el sectarismo se organizan para defender privilegios e intereses, la comunidad se fragmenta. La realidad y el simbolismo del proyecto de Babel tienen su contraparte en el proyecto de la cruz. La cruz es el evento más importante de la historia humana, porque ella consuma el proyecto reconciliador de Dios. Con su carácter inclusivo la cruz reemplaza los intereses fragmentarios de los grupos, y sus respectivas agendas, con el bien común que había sido anunciado desde el tiempo del Antiguo Testamento. La gracia mostrada por el proyecto de la cruz era la única forma en que se podía lograr la reconciliación del Creador con sus criaturas, y así rehabilitar el plan cósmico de comunidad.

En 1 Corintios 5:19, Pablo deja claro que por medio de Cristo Dios está reconciliando consigo al mundo. La cruz de Cristo sirve de puente para unir las partes separadas. Por eso Cristo es el Sumo Pontífice, que significa «constructor de puentes». Cristo es ahora el constructor de una nueva relación, el constructor del puente que nos permite crear una nueva comunidad.

Restablecer comunidad por medio de la reconciliación

El pecado entró a la comunidad para desmantelar, por medio de la fragmentación, todo el conjunto de relaciones constructivas que eran el plan original de Dios para el ser humano y su entorno. La reconciliación de todas las cosas en Cristo es el plan contingente para restablecer la vida en común. Por eso Pablo dice:

> Él es la imagen del Dios invisible, el primogénito de toda la creación. Porque en él fueron creadas todas las cosas, las que hay en

los cielos y las que hay en la tierra, visibles e invisibles; sean tronos, sean dominios, sean principados, sean potestades; todo fue creado por medio de él y para él. Y él es antes de todas las cosas, y todas las cosas en él subsisten; y él es la cabeza del cuerpo que es la iglesia, él que es el principio, el primogénito de entre los muertos, para que en todo tenga la preeminencia; por cuanto agradó al Padre que en él habitase toda plenitud, y por medio de él reconciliar consigo todas las cosas, así las que están en la tierra como las que están en los cielos, haciendo la paz mediante la sangre de su cruz. Y a vosotros también, que erais en otro tiempo extraños y enemigos en vuestra mente, haciendo malas obras, ahora os ha reconciliado en su cuerpo de carne, por medio de la muerte, para presentaros santos y sin mancha e irreprensibles delante de él; si en verdad permanecéis fundados y firmes en la fe, y sin moveros de la esperanza del evangelio que habéis oído, el cual se predica en toda la creación que está debajo del cielo (Col. 1:15-20, RV).

Así pues, nos damos cuenta de que toda la creación es nuevamente considerada en el plan divino. La reconciliación no sólo incluye la salvación individualizada de los seres humanos, sino el restablecimiento de toda la creación tal y como fuera concebida por Dios en el principio (Heb. 1:1-14). El proyecto de la creación divina es restablecido por medio del proceso de la reconciliación. Sin embargo, esto no significa, como creían los griegos, un «retorno» al origen cronológico de la creación (un comenzar de nuevo). La doctrina cristiana dice que la reconciliación es un retorno al Creador (el punto de partida para una nueva creación) y donde incluso el ser humano llega a alcanzar un estado superior al que tenía antes de la caída. Una vez más Pablo aclara esto:

Dios nos escogió en Cristo desde antes de la creación del mundo, para que fuéramos santos y sin defecto en su presencia. Por su amor, nos había destinado a ser adoptados como hijos suyos por medio de Jesucristo, hacia el cual nos ordenó, según la determinación bondadosa de su voluntad. Esto lo hizo para que alabemos siempre a Dios por su gloriosa bondad, con la cual nos bendijo mediante su amado Hijo. En Cristo, gracias a la sangre que derramó, tenemos la liberación y el perdón de los pecados. Pues Dios ha hecho desbordar sobre nosotros las riquezas de su generosidad, dándonos toda sabiduría y entendimiento, y nos ha hecho conocer el designio secreto de su voluntad. Él en su bondad se había propuesto realizar en Cristo este designio, e hizo que se cumpliera el término que había señalado. Y este designio consiste en que Dios ha querido unir bajo el mando de Cristo todas las cosas, tanto en el cielo como en la tierra. En Cristo, Dios nos había escogido de antemano para que tuviéramos parte en su herencia, de acuerdo con el propósito de Dios mismo, que todo lo hace según la determinación de su voluntad (Ef. 1:4-11).

Como se ha dicho, el mal entró en el escenario de la creación dejando una secuela de daños que se manifiesta en la ruptura de relaciones entre la persona y Dios, entre persona y persona, y también entre persona y objeto. Desde ese entonces el panorama humano se caracteriza por relaciones distorsionadas por el mal que nos lleva a buscar nuestro beneficio personal por encima del beneficio y la integridad del otro. El pecado, como estado de separación, es en sí mismo la negación de lo creado y, por lo tanto, del prójimo. Ahora bien, negar lo creado es un acto de absolutización o totalización de una de las partes, es decir, sostenerse como centro y verdad última.

Por eso el pecado original está vinculado al hecho de querer ser como dioses: «Podrán saber lo que es bueno y lo que es malo, y que entonces serán como Dios» (Gn. 3:4). El pecado como fuerza opositora al plan cósmico de vida está basado en el deseo de existir individual e independientemente de todo y por encima de todo (dominación). Por eso la negación como afirmación apriorística (egocéntrica, idolátrica), la negación del otro y de lo creado, también es una negación de Dios (ateísmo).

Resurrección y creación

Lo que en la tradición cristiana se conoce como «la caída», la irrupción del pecado en la creación y la humanidad, en concreto, es el estado endémico de separación multidimensional; es la ausencia de relaciones entre Dios y sus criaturas y esto crea las condiciones para la anti-comunidad. En su carta a los Romanos, Pablo señala que el pecado y la muerte entraron por medio de Adán, y por el otro lado, la reconciliación y la vida entraron por medio de Cristo. Pablo nos dice:

Así pues, por medio de un solo hombre entró el pecado en el mundo y por el pecado entró la muerte, y así la muerte pasó a todos porque todos pecaron...

Pues si la muerte reinó como resultado del delito de un solo hombre, con mayor razón aquellos a quienes Dios, en su gran bondad y gratuitamente, hace justos, reinarán en la nueva vida mediante un solo hombre, Jesucristo.

Y así como el delito de Adán puso bajo condenación a todos los hombres, así también el acto justo de Jesucristo hace justos a todos los hombres para que tengan vida (Ro. 5:12, 17, 18).

Pablo deja claro que Jesucristo irrumpe en la historia humana para destruir el caos que entró al orden de la creación por Adán. Todo el futuro de la creación dependía de su sacrificio en la cruz, y es precisamente en la cruz que la creación recupera toda su potencialidad perdida. La cruz ha hecho posible una «nueva creación». Pablo presenta a Cristo como «el segundo Adán»:

Así dice la Escritura: «El primer hombre, Adán, se convirtió en un ser viviente»; pero el último Adán se convirtió en espíritu que da vida. Sin embargo, lo espiritual no es primero, sino lo material; después lo espiritual. El primer hombre, hecho de tierra, era de la tierra; el segundo hombre es del cielo. Los cuerpos de la tierra son como aquel hombre hecho de tierra; y los del cielo son como aquel que es del cielo. Así como nos parecemos al hombre hecho de tierra, así también nos pareceremos a aquel que es del cielo (1 Co. 15:45-49).

Por lo tanto, como el «segundo Adán», Jesús tiene un significado especial. Así como Adán es el representante de la primera creación, Jesucristo es ahora el representante y la garantía de la nueva creación.

El estado de separación producido por el pecado afectó la imagen y semejanza divina que el ser humano poseía. Jesús es la imagen perfecta de Dios (desde siempre) y al encarnarse como «el segundo Adán» en la historia, se convierte en la única posibilidad de recobrar lo destruido por el pecado. Al vivir como la imagen encarnada de Dios dentro de las limitaciones y la miseria humana, Jesús creó las condiciones para elevar la existencia humana a la dimensión del Espíritu, del reino de Dios, o lo que es lo mismo: la nueva creación.

Esa «nueva creación» está garantizada por el hecho de que ya existe «el nuevo hombre», que también podemos llamar «el último hombre». Cristo es el paradigma o arquetipo humano, un anticipo de la nueva creación, porque «Él es el primer fruto de la cosecha: ha sido el primero en resucitar» (1 Co. 15:20). De la misma manera que Cristo es el *segundo Adán*, la resurrección es la *segunda creación*. La resurrección es la garantía y fermento para la transformación de todo lo creado. Con la resurrección, la creación no regresa a su estado original, sino que es recreada completamente.

Al resucitar, Cristo penetra en el reino de la corrupción y muerte y establece la vida que tendrá su culminación en el reino de los cielos. Pero si ese reino se da en la tierra («cielo nuevo y tierra nueva»), entonces no se refiere a una realidad etérea, sino a una realidad que trasciende la historia humana: la creación vieja. Cristo es descrito como el hombre «celeste» que reemplaza al «terrestre», pero no entendamos esto como un dualismo entre lo material y lo espiritual (cuerpo-alma), sino sencillamente como la realidad de los dos reinos. Según sea su relación con el Creador, el ser humano está en el reino de la muerte (gobernado por los deseos de la carne) o en el reino de la vida (gobernado por los deseos del Espíritu de Dios).

En la resurrección, Cristo vence al reino de la muerte. Sólo así fue posible recobrar la imagen y semejanza deteriorada por el reino de la muerte. Dice Dussel:

> Para el Nuevo Testamento, en cambio, el hombre obtiene por Jesucristo la semejanza de Dios y se transforma en imagen por el don sobrenatural del Espíritu. Se trata de una nueva condición. No existe entonces dualismo entre alma y cuerpo, sino bipolaridad entre el hombre terrestre y espiritual; entre el hombre descendiente del pecado de Adán y el hombre resucitado como imagen de Dios (Dussel, 1974:50).

La segunda creación no sólo restaura la primera, sino que la hace radicalmente nueva. Cristo, quien creó todo en el principio (1 Co. 8:6; Heb. 1:2-3; Col. 1:15-20; Jn. 1:1), en la resurrección una vez más se convierte en el creador de un nuevo orden. Lo que Dios se había propuesto hacer en el proyecto de la creación, ahora se logra por medio de la muerte y la resurrección de Cristo; el plan de Dios para Adán (el ser humano) se cumple perfectamente en Cristo: lo corruptible se transforma en incorruptible; lo muerto es traído a la vida una vez más. Adán había sido creado para ser hijo de Dios, pero a causa del pecado esa relación familiar especial desapareció. Aunque Cristo es co-eterno con el Padre, se encarna como «Hijo de Dios» (Lc. 1:35) para así cumplir el proyecto adámico abortado.

Adán fue creado para ser la revelación especial de Dios en medio de lo creado. Cristo es la revelación perfecta de Dios por ser la imagen de Dios, aunque «...tomó naturaleza de siervo, haciéndose como todos los hombres» (Flp. 2:7). Cristo es el verdadero y último Adán, por ser verdadero hombre y verdadero Dios. Cuando se llama a sí mismo «el Hijo del hombre», también se proclama el ser del futuro (escatológico). Él es el resucitado que le permite a los demás seres humanos reposeer y participar de la semejanza con Dios. Sólo «en Cristo» halla el ser humano la posibilidad de humanizarse y divinizarse («llegar a la estatura de Cristo, del varón perfecto»).

No hay duda de que, para Pablo, la resurrección es un evento paralelo a la creación. De hecho, en la perspectiva paulina, la redención es parte del proceso de la creación divina en la que nosotros participamos. A través de la iglesia, Dios está anunciando el «nuevo orden», la nueva creación. Para Pablo, esa nueva creación es el resultado de nuestra unidad con Cristo (Gl. 6:14-15). Es por eso que: «el que está unido a Cristo es una nueva persona. Las cosas viejas pasaron; se convirtieron en algo nuevo» (2 Co. 5:17). Esta es la clave de la dinámica creadora. La nueva creación es posible por medio de una nueva relación con el Creador y Redentor. Ahora bien, la nueva creación solamente surge de una relación reconciliada. Esto explica la dinámica misma que se da en el reino de Dios, y que trata de las «nuevas relaciones» al interior de la creación. Revestirnos de lo nuevo —del nuevo ser que es en Cristo resucitado— es vivir en nuevas y profundas relaciones interpersonales. Por consecuencia, todo aquello que intente romper esas relaciones fundamentadas en el amor, debe ser resistido y combatido con el fin de hacer de nuestra unidad en Cristo una experiencia real y no etérea. Pablo lo dice así:

> Por eso, deben ustedes renunciar a su antigua manera de vivir y despojarse de lo que antes eran, ya que todo se ha corrompido, a causa de los deseos engañosos. Deben renovarse espiritualmente en su manera de juzgar, y revestirse de la nueva naturaleza, creada

a imagen de Dios y que se distingue por una vida recta y pura, basada en la verdad. Por lo tanto, ya no mientan más, sino diga cada uno la verdad a su prójimo, porque todos somos miembros de un mismo cuerpo (Ef. 4:22-25).

El señorío de Cristo sobre lo creado

Aunque Dios nunca ha perdido control sobre lo creado, cuando el ser humano ejerció su libertad buscó vivir independientemente de Dios. Al hacerlo, arrastró consigo a toda la creación que le estaba subordinada. Dado que Dios es la fuente y sustentador de la vida, todo intento de vivir independientemente de Dios trae consigo los signos de la muerte.

Porque el resucitado Jesucristo es Señor de los vivos, Dios le da vida a todo lo que está reconciliado a través de él. Al vencer el imperio de la muerte, Jesucristo otorga su Espíritu para devolver la vida a lo que yacía muerto. En otras palabras, el Espíritu nos introduce al reino de los vivos y sobre el que Jesús gobierna. La naturaleza misma espera el día de la redención para quedar libre del señorío de la muerte al que fue sometida.

Todo el orden de la creación fue fragmentado por el pecado, y sin Cristo todo permanece en muerte, en tanto que está separado del Creador. Cristo, al vencer al anti-reino, se constituye como el centro en el cual todo lo fragmentado recobra nuevamente su integridad, lugar y función. Cristo viene a ser como una especie de «imán cósmico» que atrae hacia sí todo lo que se había separado de él. Ese es el maravilloso evento de la reconciliación: «Dios estaba en Cristo reconciliando consigo al mundo...» (2 Co. 5:19, RV). Todos los que se reconcilian con Dios entran en el señorío de Cristo, no ya solamente por su carácter de Creador, sino de Redentor. Cristo se ha convertido en la representación de la relación perfecta entre Dios y sus criaturas.

Jorge A. León introduce el fascinante concepto bíblico-teológico de la *anaquefalosis*. Este término significa «reunir». De hecho, significa reunir bajo una sola cabeza. Pablo lo utiliza en Efesios 1:10 (RV) para comunicar el plan que Dios tiene para la creación «de reunir todas las cosas en Cristo, en la dispensación del cumplimiento de los tiempos, así las que están en los cielos como las que están en la tierra». ¡Cristo es el punto donde todas las cosas creadas se reúnen!

«El cumplimiento de los tiempos» es la llegada definitiva del reino de Dios, que ya ha comenzado en la persona de Cristo; es el reino hecho persona, en palabras de Ireneo. La anaquefalosis, como proceso hacia Cristo, es al mismo tiempo un movimiento hacia el reino. Dice León:

> Así la anaquefalosis es la conducción paulatina de todas las cosas (celestes y terrestres) hacia una dependencia de la autoridad de Jesucristo. Es una conducción hacia la consumación escatológica (Leon, 1971:43-51).

Así pues, la unión con Cristo es la aceptación de su señorío. El Cristo que reúne es el Señor que mantiene todas las cosas bajo su reino. El *kairos* es la obra de la reunión empezada por Cristo, mientras que el *aión* es la consumación de esa unión cósmica con Cristo. La posibilidad de reconciliarnos con el Creador es la razón misma de la historia humana.

En el Salmo 110:1 leemos: «El Señor dijo a mi señor: Siéntate a mi derecha, hasta que yo haga de tus enemigos el estrado de tus pies». Todo se ha de sujetar al señorío de Cristo (Flp. 2:10-11), porque sólo él pudo vencer a la muerte, que es el contrasentido de lo creado y negación de la creación. Por eso, precisamente, Pablo recomienda que con gozo le demos gracias al Padre, pues él «nos ha liberado de la potestad de las tinieblas y nos ha trasladado al reino de su amado hijo» (Col. 1:13).

A partir de la unión-reconciliación con Cristo todo el orden de lo creado entra en el reino de Cristo. Es así como las tinieblas se disipan, como sus enemigos se rinden, y las nuevas relaciones llegan a su plenitud. En el principio de la creación el Espíritu Santo cambia el caos por un orden que tiene en Dios su centro de plena interrelación. De la misma manera hoy el Espíritu opera internamente en la historia humana, atrayendo y conduciéndonos hacia Cristo para que en él podamos estar unidos plenamente con todo.

Resumen

Este capítulo nos ha permitido explorar las bases bíblico-teológicas que nos permiten fundamentar una espiritualidad de las relaciones. Hemos destacado que la creación es el plan maestro de Dios y en el cual sigue trabajando. Al entender la dinámica de la vida diseñada por Dios en la creación, podemos entender también lo que Dios quiere restaurar por medio de la reconciliación, y así, entender la razón de ser del reino de Dios.

La creación, al igual que el reino de Dios, es una experiencia profunda de comunidad; pero el pecado, que es la manifestación de la anti-comunidad, minó toda la creación causando un estado de separación o fragmentación. Por esta razón, la doctrina de la redención es, sin duda, la doctrina complementaria de la doctrina de la creación. Esto quiere decir que la salvación no es un fin en sí mismo, sino la forma de restablecer el plan de la creación.

En el próximo capítulo veremos cómo la obra reconciliadora de Cristo está orientada a la construcción de una nueva comunidad, una nueva creación.

3. Jesús, constructor de comunidad

Los ricos colman a los sacerdotes de tesoros
destinados a la edificación de templos
y monumentos memoriales.
Mas si se pusiesen
en la situación de un pobre,
y consultasen consigo mismos
si les gustaría que a ellos no se les diera
nada,
pero a la iglesia sí,
entonces tendrían que darse cuenta
por sí mismos
de cuál es en realidad su deber.

Lutero, 1522

*J*esús fue crucificado bajo cargos de sedición contra los romanos y de conspiración contra la institución judía más sagrada y lucrativa: el templo. Ese fue el veredicto al que llegó la alta jerarquía política-religiosa judía mayormente constituida por los saduceos. Los saduceos administraban el templo celosamente desde los tiempos del sumo sacerdote Sadoc (1 Cr. 12:27-28), pertenecían a las más altas esferas sociales del judaísmo, y en los siglos IV y III a.C. (durante la dominación persa y griega) monopolizaron el poder en Israel. Tuvieron en los Macabeos sus grandes enemigos, pero supieron pactar con Antíoco Epífanes (175-163 a.C.) para recobrar sus privilegios, llegando a ser aliados del imperio y promotores del helenismo cultural (2 Mac. 4:14-16). El informe de Caifás al sanedrín explicando los cargos levantados por los saduceos contra de Jesús dejan claro que su gran pecado fue el de amenazar los intereses del templo.

Con gran avidez política, perfidia y ningún remordimiento, los saduceos lograron detentar el poder, aun en tiempos del imperio romano. Cuando Jesús aparece en escena, son precisamente ellos quienes tienen el control del aparato gubernamental con sede en el templo de Jerusalén. Esto explica por qué las palabras del provinciano profeta de Nazaret resultan tan peligrosas para este partido, especialmente cuando el templo se ve amenazado: «Yo voy a destruir este templo hecho por los hombres y en tres días levantaré otro no hecho por los hombres» (Mc. 14:58). En la versión de Juan (Jn. 2:19-20), se contrasta lo que entienden los judíos con lo que entendieron los discípulos, y por eso se menciona el dato del tiempo que le tomó a Herodes construir el templo (46 años). En la versión de Mateo y Marcos, el énfasis parece estar puesto en la implicación teológica del carácter mesiánico de Jesús. Por eso, inmediatamente el sumo sacerdote le pregunta: «¿Eres tú el Mesías, el hijo del Dios bendito?» Parece que los jerarcas religiosos lograron captar el sentido semiótico de la declaración de Jesús. Esto era doblemente peligroso, porque los saduceos no aceptaban la resurrección del cuerpo (Hch. 23:6-8). Por lo que las palabras de Jesús fueron entendidas como una proclama revolucionaria, un acto intencionado para subvertir el orden existente. La hegemonía de la aristocracia judía sobre el templo era la causa por la cual todo grupo de renovación judío veía en la destrucción del templo la única forma de desestabilizar el *status quo*. En tal contexto las declaraciones de Jesús están cargadas de un sentido popular.

Por otro lado, en referencia a lo físico o espiritual, las palabras de Jesús resultaban incómodas para la jerarquía judía. Tanto en el aspecto político-económico como en el teológico-religioso, Jesús constituía un atentado al orden establecido. Debemos preguntarnos entonces, ¿a qué se debe que la agenda ministerial de Jesús busque contraponer al signo del templo, el signo de la resurrección? La lectura que hacen tanto los profetas como Jesús identifican al templo como reservorio de maldad, como generador de muerte. La resurrección es el sentido opuesto, antónimo. La resurrección de Jesús es el episodio central de la historia de la salvación, sin el cual la fe y toda praxis cristiana carecen de sentido (1 Co. 15:17). En otras palabras, sin resurrección no hay reino de Dios, porque el reino de Dios es un estado de transformación al que sólo se accede estando transformado, resucitado (1 Co. 15:51-58). En su resurrección, Cristo es el paradigma de la transformación, el signo del cambio posible. La fe cristiana se nutre de la resurrección. Creer en el Cristo resucitado es equivalente a abrazar el compromiso por el cambio, la transformación de la historia.

La fe no tiene sentido sin la resurrección, pero por la resurrección paradigmática de Jesús, la fe no puede existir sin aspirar a transformarlo todo. Jesús contrapone la resurrección a lo que representa el templo, porque la resurrección es un instrumento del reino de la vida, así como el templo lo era del reino de la muerte. Es más, la resurrección de Cristo le da la posibilidad al ser humano de llegar al estado máximo de humanización (incorruptibilidad), mientras que el templo llevaba a un proceso sostenido de deshumanización.

El templo como signo de la deshumanización

Los levitas se convirtieron en la primera jerarquía religiosa hebrea. Ellos habían sido eximidos del trabajo agrícola y pecuario, que fue el modelo de producción adoptado por los israelitas después de la posesión de Canaán. Los levitas, por lo tanto, concentraban sus esfuerzos de manera vitalicia en las actividades relacionadas con el culto establecido. De una tribu más del pueblo hebreo, los letivas se convirtieron en una casta urbana altamente influyente y receptora de tremendos beneficios económicos. En muchos casos, esto sirvió para que los sacerdotes se prestaran a contubernios con las esferas gubernamentales. La perpetuación de ciertos privilegios relacionados al templo parece ser el objetivo de la literatura proveniente de las canteras deuteronomistas. El elemento profético, por el contrario, servía de contrapeso a los excesos anti-populares que se gestaban entre la cúpula política y la religiosa.

La mal llamada «edad de oro» de Israel comienza a establecerse con los grandes ciclos de conquista por Saúl, y en especial por la dinastía davídica. David establece un estado imperial semejante al de los cananeos con un ejército, un sacerdocio y una administración civil subordinada al rey (Pixley, 1989:29). La administración de David había constituido una sociedad de clases en el pueblo israelita, que se caracterizó por un sistema tributario regional holgado para la metrópolis, pero oneroso para las regiones subyugadas por sus conquistas militares. Como parte del proceso para consolidar su imperio, y consciente de la fuerza espiritual de las antiguas instituciones hebraicas, David se propuso trasladar el arca de la propiciación (principal patrimonio religioso de Israel) a Jerusalén, una ciudad que había conquistado, a la que hizo llamar «Ciudad de David», y en la que concentraría todo su aparato gubernamental dado que era estratégicamente segura (2 S. 5:6-15). Una vez establecido en Jerusalén, David se construyó un palacio y proyectó hacer lo mismo para Dios, es decir, establecer un templo.

El proyecto de un templo para Dios sin duda fue una maniobra de la avidez del liderazgo de David, que buscaba centralizar no sólo la plataforma política y militar en el rey, sino también la religiosa. Con esto trató de ligar el antiguo orden de Israel al estado recientemente creado, para legitimar la sucesión y hacer de la monarquía el aparato rector y protector de las instituciones sagradas del pasado. Es decir, fue un intento para monopolizar los símbolos y ritos religiosos y, con ello, la economía de la salvación. Con esto trató de establecer algo así como un protectorado divino (Bright, 1970:240). Fue así como David quiso hacer a Dios su socio en aquella impúdica empresa imperial.

Debido a la iniciativa de las élites hebreas, se insistió en establecer una monarquía al estilo de las naciones circundantes. El Dios hebreo que siempre había sido entendido como el rey de Israel (Eliade, 1978:180), ahora imitando a las otras naciones era representado en un monarca humano. De alguna forma David buscaba conjugar la función política y la religiosa. Originalmente, Samuel se opuso a la tentativa de establecer un régimen monárquico, y se hizo portador del argumento que sostenía Gedeón: aceptar a un rey como las otras naciones era, de alguna forma, repudiar la monarquía de Yahvé (1 S. 8:4-7). En nombre y como profeta de Yahvé, finalmente Samuel autorizó el nombramiento de un rey, pero no sin antes advertir al pueblo que esto podría terminar en servidumbre para ellos (1 S. 8:10-17, Pixley, 1989:25). La monarquía fue reconocida como un grave pecado, pero fue legitimada por la copiosa teología davídica.

La construcción del templo también constituirá el punto de partida de una larga secuela de discusiones entre los aparatos gobernantes, los profetas y los pseudo-profetas. Estos últimos eran aliados con los sadoquitas, quienes representaban las ideas del rey David y eran la jerarquía religiosa que él amparaba como forma de proteger sus propios proyectos (Pixley, 1989:28). Sin embargo, David tuvo que conformarse con traer el arca a la ciudad, ya que el profeta Natán se le enfrenta (probablemente porque reconoció el peligro de que el culto de Yahvé también estuviera en manos de quien controlaba el aparato gubernamental de la nación, puesto que perjudicaría a los sectores con menos acceso al poder político). Jorge Pixley argumenta que David parece seguir el ejemplo de naciones tributarias como Canaán, ya que: a) nombró funcionarios religiosos como jerarcas de la corona, b) estableció un culto controlado bajo la obediencia directa del rey, c) buscó construir una teología e ideología de la dominación, que giraba en torno a la figura del rey, como representante directo de Dios, la cual servía para justificar el control de la propiedad y otros recursos de la nación. Por supuesto, esto era inadmisible para un Dios como Yahvé, que ni siquiera permitía que se le diera un nombre para así poder ser controlado (recordemos el «Yo soy». Ver Ex. 3:14), y mucho menos admitiría un templo para que con él intentaran apresarlo o utilizarlo con fines espurios.

A través del profeta Natán, Dios toma la iniciativa y sentencia el proyecto del templo:

> Ve y habla con mi siervo David, y comunícale que yo, el Señor he dicho: «No serás tú quien me construya un templo para que habite en él. Desde el día en que saqué de Egipto a los israelitas, hasta el presente, nunca he habitado en templos, sino que he andado en simples tiendas de campaña. En todo el tiempo que anduve con ellos, jamás le pedí a ninguno de sus caudillos, a quienes puse para que gobernaran a mi pueblo Israel, que me construyera un templo de madera de cedro» (2 S. 7:5-7).

Esta descomposición político-religiosa que comienza con la dinastía davídica se acentuará durante el reinado de Salomón, y estando Sadoc como sumo sacerdote. Con Salomón se hace posible el proyecto davídico de la construcción del templo. Este primer templo de Israel, conocido como el templo de Salomón, buscaba reemplazar el tabernáculo por una obra fastuosa repleta de lujos y opulencia. Mucho dinero fue invertido en aquella empresa (1 Cr.

22:14) y, como se sabe, la forma en que tan majestuosa obra fue llevada a cabo fue mediante el uso abusivo de jornadas intensísimas de trabajo. La construcción del templo para Yahvé legitimó un largo proceso de opresión sobre toda la nación. El templo fue construido en propiedad real, con sacerdotes que eran funcionarios de la corona y que servían como parte del aparato legitimador de las ideas que constituían la plataforma ideológica del proyecto expansionista de Salomón.

Salomón toma la iniciativa de construir un templo que Dios no había pedido y luego, al dedicarlo, suplica a Dios que habite en él, a pesar de que Dios no puede ser contenido por sitio alguno (1 R.). Lo grave es que Salomón entiende que la promesa hecha a David con relación al templo tiene cumplimiento en él, cuando en realidad Dios había dicho: «Uno de tu descendencia...» (1 Cr. 17:13-14). A pesar de todo, Dios accede a hacer un pacto con Salomón, pero no sobre la base de que construyera un templo, sino bajo la condición de que cumpliera sus mandamientos. Cuando Salomón dejó de observar los mandamientos de Dios (construye pequeños templos para las divinidades extranjeras de sus muchas esposas), Yahvé, que no tolera la idolatría (porque lleva al abuso del ser humano), lo sentencia:

> Por lo tanto, el Señor le dijo a Salomón: «Ya que te has comportado así, y no has cumplido la alianza y las leyes que te ordené, voy a quitarte el reino y a dárselo a uno de los que te sirven» (1 R. 11:11).

Al separarse Israel de la dinastía davídica (922 a.C.), fue nombrado como rey Jeroboam, antiguo funcionario de Salomón quien, para darle solución a la crisis política de aquella coyuntura histórica, implementa una práctica que será impuesta recurrentemente en el reino. Jeroboam se da cuenta de que el templo de Jerusalén es ahora patrimonio exclusivo de Judá. Por eso recurre a implantar la idolatría (construye templos y santuarios en Betel y Dan) y a instaurar fiestas y ceremonias religiosas, conducidas por una nueva casta sacerdotal que él improvisa y de la cual él se constituye en sumo sacerdote (1 R. 12:25-33). Toda esta vacua pomposidad buscaba impedir que los israelitas adoraran en el templo de Jerusalén y dejaran allí sus ofrendas (aportaciones en especie o dinero). Así pues, el uso fiscal del templo y de los seudo-templos fue práctica común en ambos reinos y continuó siendo blanco para los ataques de los profetas (Is. 1:10-20; Jer. 6:20s; Am. 5:21-22; Os. 8:11-13).

El segundo templo es conocido como el templo de Zorobabel. Después del «Edicto de Ciro», que permitía el retorno de israelitas a Jerusalén, fue construido un templo que calcaba las dimensiones del de Salomón (Esd. 6:3). Dicho templo fue comenzado en el año 547 a.c. y también sirvió para grandes levas, con las que una vez más se buscó establecer la ciudad de Jerusalén como el lugar central de operaciones. Lo político y lo religioso se vuelven a conjugar en el templo. Nehemías establece nuevos reglamentos sobre los tributos relacionados con el templo (Neh. 10:32, 33).

El tercer templo es construido durante el período de Herodes. Según Flavio Josefo, éste superó la belleza del templo anterior, que había sido destruido por las invasiones helénicas. Los trabajos del templo de Herodes comenzaron hacia el año 20 ó 19 a.C. Según nos dice Joaquín Jeremías, el templo era una de las instituciones vertebrales de la vida pública de Jerusalén, que atraía una población descomunal durante la Pascua. Los 50,000 habitantes promedio de Jerusalén aumentaban hasta 180,000 durante el período de celebraciones en el templo. El templo también era el mayor proveedor de fuentes de trabajo. Casi todos los habitantes de Jerusalén estaban directa o indirectamente ligados a la actividad económica del templo que, además, aseguraba los mejores salarios. Para ese entonces el templo también era una institución amalgamada con los intereses imperialistas de los romanos, que habían llegado a apoderarse de la provincia de Judá cuando Pompeyo tomó esta región en el año 63 a.C.

Según Joaquín Jeremías, el templo también fungía como una institución de tipo judicial y política, y era también la fuente principal de las entradas del erario público de la ciudad. Los procuradores de la ciudad sabían bien de la importancia político-económica que el templo revestía. El episodio de la «purificación del templo» en el tiempo de Jesús ilustra de manera fehaciente cómo en torno al templo y sus impuestos estaba vinculada la mayor fuente de ingresos de la ciudad (Jeremías, 1977:156). Jesús necesitaba purificar el templo como símbolo del exorcismo ante la corrupción de quienes ejercían el ministerio público, y habían perdido el sentido espiritual de la vida. Estos, junto con los mercaderes, habían minado y desvirtuado la función como casa de oración del templo de Dios.

Comunión y comunidad

El templo que Herodes había hecho construir sobre las bases del destruido por Pompeyo (63 a.C.), en todos los aspectos era un signo inversamente proporcional al reino de Dios. En él se albergaba la asamblea de ancianos de Israel, la sede del sumo sacerdote, la del procurador y la de la guarnición romana. Aquel se había convertido en la sala de los contubernios políticos de la alta jerarquía judía y los dignatarios romanos. Tan espuria relación, que había dado a luz al sistema de explotación del pueblo, se ejercía todos los días en aquella institución que Jesús había identificado claramente como la mampara de que se usaba para ocultar tratos diabólicos, que se encarnaban en la historia, y para destruir al ser humano.

El verdadero móvil del templo, y de allí su importancia para el partido de los saduceos, era de tipo económico. Todo israelita mayor de veinte años que residía en Palestina o en un lugar del imperio greco-romano, tenía por obligación pagar el impuesto del templo. Las peregrinaciones al templo, que acompañaban la celebración de la Pascua, eran las que dejaban más ganancias a quienes vivían del templo. Se sabe que el templo poseía su propia moneda (de allí la necesidad de cambistas) y que también tenía grandes almacenes donde guardaban los frutos agrícolas y pecuarios obtenidos por concepto del pago del diezmo sacerdotal (12 por ciento de la cosecha y la cría), las ofrendas del llamado «diezmo de los padres» (Luckmann, 1991:85), además de otras ofrendas de tipo ceremonial. Esto hacía que los bienes del templo fueran enormes, pero con ello también se ejercía sobre el pueblo una violencia tributaria extrema que empobrecía a toda la nación. El carácter obligatorio de los ritos, ceremonias y fiestas religiosas perpetuaba una clientela cautiva al templo que era víctima de todo género de rapaces comerciantes. De ahí que Jesús, emulando al profeta Jeremías, describe al templo como «cueva de ladrones» (Mt. 21:13).

Estas palabras, sin embargo, deben ser colocadas en su contexto. Jeremías las utiliza para socavar la falsa religión de Judá, que ha convertido la experiencia viva con Dios en una dependencia envilecedora y deshumanizante con el templo. Por eso Jeremías dice: «No confíen en esos que los engañan diciendo: ¡Aquí está el templo del Señor, aquí está el templo del Señor!» (Jer. 7:4). Desde la perspectiva de Jeremías, quienes se apoyan en la aparente estabilidad que provee el templo (la ideología del poder) son quienes perpetúan esa dominación que deshumaniza. Por eso Jeremías les advierte:

> Si mejoran su vida y sus obras y son justos los unos con los otros; si no explotan a los extranjeros, a los huérfanos y a las viudas, ni matan a gente inocente en este lugar, ni dan culto a otros dioses, con lo que ustedes mismos se perjudicarían, yo los dejaré seguir viviendo aquí, en la tierra que di para siempre a sus antepasados. Ustedes confían en palabras engañosas que no les sirven de nada. Roban, matan, cometen adulterio, juran en falso, ofrecen incienso a Baal, dan culto a dioses con los que ustedes nada tienen que ver, y después vienen a este templo que me está dedicado, a presentarse ante mí. Se creen que aquí están seguros; creen que pueden seguir haciendo esas cosas que yo no soporto (Jer. 7:5-10).

Jesús, como Jeremías, dice que el templo se ha convertido en signo ideológico de la práctica de la dominación, y por lo tanto, en fuente de la fragmentación de las relaciones humanas (políticas, económicas, sociales, etc.). Incluso, Jerusalén es conocida como la que mata a los profetas porque estos denuncian que, lejos de ser la ciudad santa, la del templo, es la sede de la corrupción, de la explotación, de la falsedad. Al desenmascarar la maquinaria ideológico-político-religiosa del templo, los profetas ponen al desnudo la perversidad del sistema y de quienes lo preservan. Jesús y Jeremías se dan cuenta de que el templo ha usurpado el lugar de Dios, y con ello, el sistema construido en torno al templo es el que determina el valor de las relaciones sociales y no la ley de Dios. Por eso, en ambos casos, la alternativa de destruirlo —no necesariamente como objeto, sino como signo— es una prerrogativa divina:

> ¿Acaso piensan que este templo que me está dedicado es una cueva de ladrones? Yo he visto todo eso. Yo, el Señor, lo afirmo. Vayan a mi santuario en Siló, el primer lugar que escogí para residir, y vean lo que hice con él por la maldad de mi pueblo Israel. Y aunque una y otra vez les he advertido acerca de su conducta, ustedes no han querido obedecerme, y ni siquiera me han respondido. Yo, el Señor lo afirmo. Por eso, lo mismo que hice con el santuario de Siló, lo voy a hacer con este templo dedicado a mí, el cual les di a ustedes y a sus antepasados y en el que ustedes confían. Los arrojaré a ustedes de mi presencia como antes arrojé a sus hermanos, los descendientes de Efraín (Jer. 7:11-15).

Estas palabras de Jeremías nos ayudan a entender el significado del templo como signo de deshumanización y, lo más importante, que el reino de Dios es diametralmente opuesto a este tipo de templo. Veamos como ocurre esto.

El templo estaba dividido en atrios y santuarios, y esto nos ayuda a ver cuán estratificado e hiper-fragmentado estaba el conjunto de relaciones humanas. El atrio externo era el de los gentiles (paganos, los excluidos del «pueblo de Dios»). Cerca de allí estaba el pórtico de Salomón, donde los cambistas hacían sus transacciones y los rabinos enseñaban la ley. Antes de ingresar al atrio interior, todos se enfrentaban con un gran letrero de exclusión escrito en griego y latín que prohibía la entrada de gentiles, bajo pena de muerte (Hch. 21:28). Los gentiles no podían entrar allí por ninguna de sus nueve puertas, pues era una profanación a la santidad del templo. A través de una de las puertas (la llamada Puerta Hermosa en el libro de los Hechos) se tenía acceso a otros tres atrios de exclusión: el de las mujeres, el de los hombres y el de los sacerdotes. A la izquierda del santuario se encontraba el lugar de reunión del sanedrín. El santuario se dividía en lugar santo y lugar santísimo; al primero entraban los sacerdotes, al segundo, sólo el Sumo Sacerdote. Lo que se puede interpretar de estos símbolos ideológicos es que la presencia de Dios estaba sólo al alcance de este último, que era rico, hombre y miembro de la casta sacerdotal. Así pues, con el templo toda la esfera de maldad y alienación estaba justificada. El templo era un microcosmos donde se reflejaba la deshumanización que concretamente se efectuaba en la vida diaria del pueblo.

La justicia como culto a Dios

Los profetas proponen una nueva manera de celebrar culto a Yahvé: Ya no como las ceremonias levíticas, que ofrecían animales en sacrificio, sino ahora, ofreciendo nuestras propias vidas en sacrificio vivo por los demás.

Los profetas denuncian el fastuoso culto a Dios diciendo que en realidad eso no es más que una espiritualidad simulada. Dice Isaías:

El Señor dice: «¿Para qué me traen tantos sacrificios? Ya estoy harto de sus holocaustos de carneros y de la grasa de los terneros; me repugna la sangre de los toros, carneros y cabritos. Ustedes vienen a presentarse ante mí, pero ¿quién les pidió que pisotearan mis atrios?
No me traigan más ofrendas sin valor; no soporto el humo de ellas. Ustedes llaman al pueblo a celebrar la luna nueva y el sábado, pero yo no soporto las fiestas de gente que practica el mal. Aborrezco sus fiestas de luna nueva y sus reuniones; ¡se me han vuelto tan molestas que ya no las aguanto!
Cuando ustedes levantan las manos para orar, yo aparto mis ojos de ustedes; y aunque hacen muchas oraciones, yo no las escucho. Tienen las manos manchadas de sangre.
¡Lávense, límpiense! ¡Aparten de mi vista sus maldades! ¡Dejen de hacer el mal! ¡Aprendan a hacer el bien, esfuércense en hacer lo que es justo, ayuden al oprimido, hagan justicia al huérfano, defiendan los derechos de la viuda!»
El Señor dice: «Vengan, vamos a discutir este asunto. Aunque sus pecados sean como el rojo más vivo, yo los dejaré blancos como la nieve; aunque sean como tela teñida de púrpura, yo los dejaré blancos como la lana!» (Is. 1:11-18)

Para Isaías, el culto verdadero consiste en volverse a los demás en actitud de servicio para trabajar por el bienestar del otro. Dios mismo rechaza que se le busque si uno se exime de la responsabilidad para con los otros seres humanos. Esa idea de servicio solidario para asistir a las víctimas de la injusticia socio-económica y política se repite continuamente entre los profetas de Israel (Jer. 7:4-7; Mi. 6:8; Am. 8:4-7; Zac. 7; Lc. 6:20-25, etc.).

El cristiano vive obsesionado con su salvación eterna, que dice depender sólo de su fe ahora en la historia. Pero si esa fe no se expresa en amor, y si ese amor no se hace justicia, entonces ¿qué fe es esa que pueda salvar eternamente sin transformar el ahora? Como hemos dicho anteriormente, si la fe no se traduce en actos de amor y justicia, estamos haciendo de Dios un «ídolo». Hacer a Dios un ídolo no es negar su existencia, sino su trascendencia; es decir, dejar sin implicaciones éticas nuestra relación con Dios. En otras palabras, en el momento en que nuestra fe nos exime de obrar ética y responsablemente para con los demás, no sólo nos hemos abstraído de la historia en la que Dios desea actuar, sino que nos hemos arrodillado ante un fetiche.

Muy pronto en sus vidas, los profetas descubrieron que la idolatría era más peligrosa que el ateísmo (Ex. 20:2-4; Dt. 5:6-8). En particular porque la idolatría puede dejar a la religión funcionando, pero ya le habrá arrebatado su contenido ético y la habrá imposibilitado para ser un canal de transformación social. Los profetas identifican la idolatría como problema social y político, no sólo como problema religioso. El idólatra ya no puede ver a Dios como trascendente, y por eso no está interesado en transformar la historia. El idólatra no quiere transformar su realidad histórica inmediata y se conforma con ser oprimido o con ser el opresor. El ídolo le sirve para resignarse a la servidumbre o para librarse de la culpabilidad por ser el opresor de otro ser humano. Pablo Richard lo dice de esta manera: «El que es liberado de la esclavitud no puede ser idólatra. Sólo el esclavo y el opresor son idólatras» (Richard, 1989:11).

Los ídolos contemporáneos han cambiado y cada vez son más sutiles y subliminales, lo que los hace más malvados e intrincados. Eric Fromm dice que: «Los ídolos contra los que lucharon los profetas del Antiguo Testamento eran imágenes de piedra o de madera, árboles o colinas. Los ídolos de hoy son los líderes, las instituciones —especialmente el estado—, la nación, la producción, la ley y el orden, y toda obra fabricada por el hombre» (Fromm, 1970,135). Estos ídolos modernos vacían de significado a la vida humana; la deshumanizan. Al prestarle atención a estos ídolos, el ser humano se vuelca a vivir tratando de satisfacer sus propios deseos y se olvida de su prójimo. Cuando se vuelve a Dios, por el contrario, se libera de los ídolos que lo separan de los demás. Cuando un ser humano deja de reconocer como hermano o hermana a otro ser humano es porque ya no está frente a Dios, sino frente a un ídolo. Los ídolos pueden ser regionales, pertenecer a una cultura, promover las barreras raciales y diferencias en clase social, y dado que todo esto invita a satisfacer el egoísmo humano, el ídolo se convierte en el amo y esclaviza al ser humano. En cambio, creer en Dios nos lleva a un estado especial de conciencia que se caracteriza por el respeto hacia la vida: la de otros individuos, la de la creación, la propia y la de Dios.

El templo y el reino de Dios

Las profecías de Ezequiel establecían que la restauración incluía un plan para la construcción de un «nuevo templo» (Ez. 40-48). En Marcos 11:11 se narra el hecho que antecede la purificación del templo. Leonardo Boff sostiene que el Reino no llega en el templo, porque éste se ha hecho impuro e indigno de Dios, por lo que se justifica su purificación. Así pues, la purificación del templo crea las condiciones para que Dios se manifieste en su gloria, para que así inaugure su señorío sobre todas las cosas (Boff, 1985:137) y se haga realidad el reino de Dios (estado de relación perfecta); es decir, la totalidad del sentido del mundo (lo creado) en Dios (Boff, 1980:44).

Al fragmentar el sentido global de la realidad, el ser humano se totaliza y cree construir la autonomía que le proporciona control y poder. El estado de pecado es, en última instancia, negar la realidad divina como suprema, y el intento para dar un nuevo significado a la realidad humana, pero que se opone al propósito de Dios (el Reino). El ser humano cree, en su autonomía, «que la realidad global adquiere sentido a partir del sujeto». Ese acercamiento, o nueva manera de entender las relaciones, le permite sentirse igual a la divinidad. Por eso, lo que más incita al pecado es la tentación de ser como Dios (Gn. 3:5). Sin embargo, cuando el ser humano busca divinizarse e independizarse de Dios, no hace más que oponérsele y perpetuar su estado de alienación. El estado de pecado es una realidad alternativa a la creada por Dios, es un estado activo de oposición a Dios y de servidumbre al anti-reino; es decir, una abierta oposición a la propuesta cósmica del Creador. En el relato de Marcos 8:31-38, Pedro aparece retratado como símbolo del anti-reino: Jesús lo llama «Satanás» por oponerse a la voluntad divina en la historia humana. Así pues, Satanás representa la oposición activa a Dios, que es quien le da sentido a la realidad; es decir, es una oposición al plan cósmico divino del cual la muerte y resurrección de Jesús forman parte crucial.

Es importante destacar que aquí Jesús se vuelve a presentar como «el Hijo del hombre» (Mc. 8:38). La razón para esto obedece al hecho explícito de combatir lo que movió a Pedro a actuar de tal forma. Pedro, como muchos otros judíos pobres que seguían a Jesús, lo entendía como el Mesías esperado, pero al estilo de los

Macabeos; es decir, un poderoso líder político-militar que reivindicaría a Israel ante sus enemigos. Jesús, sin embargo, se presenta como el «Hijo del hombre», no como el «Hijo de David», así aclarando a todos que él no venía a restablecer el reino de David, sino a establecer el reino de Dios. Si Jesús se limitaba al cumplimiento de aquel punto de vista judío, hubiera reducido su ministerio, y entonces sería el Mesías de los judíos y no de la humanidad. Jesús prefirió establecer el reino de Dios, aunque esto le costase morir. La tentación de Pedro es que solamente había pensado en lo que le beneficiaría a él, no a la humanidad; había tratado, de privatizar, regionalizar o fragmentar el sentido global y pleno del reino de Dios. Esa había sido la tentación de Pedro.

El evento de la transfiguración de Jesús descrito inmediatamente en Marcos 9:1-8, es el otro ejemplo donde Pedro busca regionalizar o privatizar el reino de Dios y, por lo tanto, despojarlo de su significado y fermento liberador. Una vez más Pedro es reprendido, esta vez por una voz de lo alto (Dios Padre) que le pide concentrarse sólo en Jesús, que es quien entiende la globalidad del plan de Dios. Con su propuesta de establecerse en aquella montaña («hagamos aquí tres enramadas»), Pedro intentó detener la historia de la salvación para satisfacer su curiosidad y gozar de una verdadera extravagancia religiosa. Todavía no se daba bien cuenta de que descubrir al Mesías lo convierte a uno en testigo, le impone una misión, le envía a la humanidad. No podían quedarse allí. Eso sería reducir el Reino a un evento místico, privado (metafísico) o cuando más, a una idea provincialista al margen de la necesidad humana. Negarnos a nosotros mismos (Mc. 8:34) es pensar y actuar en función de lo que nos beneficia a todos. Es vivir para la universalidad y globalidad del Reino; no para beneficiar una raza, un grupo, un sector de la iglesia, o cualquier otro grupo, sino para beneficiar a toda la creación de Dios. La voz del cielo que Pedro oye le reclama fidelidad al plan cósmico de Dios y le exige ir más allá de sus intereses de grupo.

Por otro lado, la actividad del Espíritu Santo nos hace parte de la nueva creación en Cristo (Ef. 1:13-14), nos adopta como hijos e hijas de Dios (Gl. 4:5-7), nos hace parte del cuerpo de Cristo (1 Co. 12:13-31) y nos hace templo de Dios (1 Co. 6:19). Así pues, la construcción del «nuevo templo» anunciado por Ezequiel (caps. 40–48), como parte de la restauración, se hace realidad cuando se integra la comunidad cristiana. Es en ese «nuevo templo» que su presencia se hace historia concreta en el tiempo y espacio y crece entre la humanidad.

Cristología del templo

El reino de Dios es la causa de Dios en el mundo (Hans Kung, 1976: 215), es un nuevo orden escatológico que restablecerá y perfeccionará el plan original de Dios en una nueva creación, de la cual el Cristo resucitado es garantía y primer fruto como soberano del Reino.

Las profecías de la restauración de Ezequiel (Ez. caps. 40–48) contemplaban la construcción de un nuevo templo que serviría como el punto de partida para un nuevo orden mundial, como el punto de convergencia de las naciones. Sin embargo, el templo construido después del retorno del exilio (515 a.C.) estuvo lejos de ser ese centro donde las naciones unidas adoraban al Dios Creador. Según Ezequiel, la destrucción pasada del templo mostraba la presencia de Dios en él (9:3; 10:4-5; 11:23, 16).

El templo de Herodes, como ya lo dijimos, también incurre en la exclusión de los no judíos (Hch. 21:26-30). De allí que el templo de la restauración seguía sin irrumpir en la historia. No es casualidad que toda la literatura intertestamentaria esté llena con la expectativa de un nuevo templo que sirviera como lugar de encuentro para los judíos que aún estaban en el exilio y los gentiles que buscaban adorar al verdadero Dios (Tob. 14:5; Jud. 1:15-17; 26-29, Tob. 13:5-11).

Cristo es el único lugar concreto de encuentro e integración de todas las naciones. Él es el «nuevo templo» que hace posible la inclusión definitiva. Cristo no es sólo el cumplimiento total de la ley, sino también del templo. Sin ley no hay evangelio; sin templo no hay Reino. Al resucitar, Cristo inaugura el «nuevo templo». Declara el comienzo de los últimos tiempos para esta creación y el inicio del Reino entre nosotros donde se gesta la nueva creación.

Jesús se considera a sí mismo — a «su cuerpo»— como el templo, un templo que sería destruido, al igual que aquel que era signo de la opresión diabólica deshumanizante. En su cuerpo Cristo llevaría cautivo al pecado y sólo acabando con lo viejo se construiría un templo que daría lugar a la nueva creación. De esta manera se daría lugar en la historia al establecimiento del «nuevo templo» predicado por la religión popular de Israel. Esta era la esperanza de los pobres y los excluidos, que veían en el templo de Jerusalén la causa del poder que los deshumanizaba.

En los evangelios sinópticos, la muerte de Jesús se relaciona con el rol opresivo del templo de Jerusalén. El «velo rasgado» del templo (Mt. 27:51 y pasajes paralelos) se convierte en un símbolo seminal de la nueva creación en Cristo, de «su nuevo cuerpo», de la nueva humanidad. Aquel velo separaba a toda la humanidad del lugar donde los judíos creían que la presencia de Dios se manifestaba totalmente (el lugar santísimo). Sólo una persona penetraba allí, el sumo sacerdote, el pontífice (constructor de puentes). Cada año este funcionario construía el puente de una nueva relación con Dios. Con su sacrificio, Cristo entra como «Pontífice» en el lugar santísimo, y se ofrece como sacrificio de una vez y para siempre (Heb. 7:20-28). Así se construye una nueva y definitiva forma para relacionarnos con Dios y su creación. Esa nueva manera es el reino de Dios. El velo se rasga para advertirnos que el templo ya no tiene utilidad, porque el Reino (que debió llegar por medio del templo) ahora ya está presente y fue inaugurado en Cristo. Él es el nuevo templo, donde toda la humanidad, especialmente los pobres y los excluidos, pueden entrar para ser humanizados. En Efesios Pablo habla de una pared que separa:

> Cristo es nuestra paz. Él hizo de judíos y de no judíos un solo pueblo, destruyó el muro que los separaba y anuló en su propio cuerpo la enemistad que existía (Ef. 2:14).

Pero ahora Jesús se convierte, como también nos dice Pablo, en nuestra paz.

> [Jesús] puso fin a la ley que consistía en mandatos y reglamentos, y en sí mismo creó de las dos partes un solo hombre nuevo. Así hizo la paz. Él puso fin, en sí mismo, a la enemistad que existía entre los dos pueblos, y con su muerte en la cruz los reconcilió con Dios, haciendo de ellos un solo cuerpo.
> Cristo vino a traer buenas noticias de paz a todos, tanto a ustedes que estaban lejos de Dios como a los que estaban cerca. Pues por medio de Cristo, los unos y los otros podemos acercarnos al Padre por un mismo Espíritu (Ef. 2:15-18).

Antes estábamos en guerra, pero ahora hemos sido reconciliados por la cruz y hechos parte de un mismo cuerpo. Aquella pared, aquel velo del templo que nos separaba, ahora ha sido destruido por Cristo y hemos llegado a ser uno con Dios. Y no sólo con Dios, sino también con nuestro prójimo, con los que estaban lejos y los que estaban cerca. Hemos sido hechos una nueva humanidad. Cristo ha puesto alto a las exclusiones, a todo aquello que nos separaba, a todos los velos que nos dividían. Con su muerte Cristo destruyó el imperio de la muerte, del pecado, y destruyó la alienación. Justamente porque el signo del templo ha sido destruido, ahora, como enseña el libro de los Hebreos, «...podemos entrar con toda libertad en el santuario gracias a la sangre de Jesús, siguiendo el nuevo camino de vida que él nos abrió a través del velo, es decir, a través de su propio cuerpo» (Heb. 10:19-20). ¿Cuál es este santuario? Este santuario no es como el de Jerusalén, «cueva de ladrones» y signo de exclusión y relaciones humanas fragmentadas. Es todo lo contrario, es el signo de las nuevas relaciones, es el reino de Dios al que tenemos acceso por la resurrección con Cristo. Es el Reino que no deja que sexismos, racismos y estratificaciones derivadas de la injusticia socio-económica nos fragmenten:

> Pues por la fe en Cristo Jesús todos ustedes son hijos de Dios, ya que al unirse a Cristo en el bautismo, han quedado revestidos de Cristo. Ya no importa el ser judío o griego, esclavo o libre, hombre o mujer; porque unidos a Cristo Jesús, todos ustedes son uno solo. Y si son de Cristo, entonces son descendientes de Abraham y herederos de las promesas que Dios le hizo (Gl. 3:26-29).

El gran reto que se presenta a la iglesia de hoy

Jesús, como Jeremías, vuelve a la tradición profética e incluyente de la «promesa abrahámica», donde todas las familias de la tierra serán bendecidas y no hay fragmentación. Por eso, Jesús es el «Hijo del hombre», y no el restaurador del reino de David. Él vino a traer su Reino donde todos tenemos cabida, y donde los pobres son los primeros. En el futuro, ese Reino incluirá una nueva Jerusalén, un cielo nuevo y una tierra nueva (Ap. 21:1-6). Es curioso, sin embargo, que en aquella realización plena del Reino no haya templo. Juan dice: «No vi templo alguno en la ciudad...». La pregunta inmediata es ¿por qué? Juan responde: «Porque el Señor Dios, el dueño del universo es su templo, lo mismo que el Cordero» (Ap. 21:22). ¿Desde cuándo existe Dios como templo? Desde que Cristo fue levantado al tercer día en la resurrección.

El ser humano fue creado a la imagen y semejanza de Dios. El pecado desdibujó aquella impronta divina y en vez de vivir en comunidad, como lo hace la Trinidad, nos separamos buscando nuestro propio beneficio. En Cristo, Dios nos ha hecho signos de la resurrección, parte de la nueva creación. Por eso somos «templo del Espíritu Santo», signos del templo que es Dios. A diferencia del templo de Jerusalén donde el ser humano experimentaba el peso cruel del pecado (la deshumanización) ahora, como signos del nuevo templo, buscamos crear espacio para una praxis de inclusión, justicia, vida, igualdad y respeto; en especial porque ¡somos primicia de resurrección! La resurrección es hoy, como ayer, un ataque frontal contra el sistema de injusticias y privaciones; la resurrección es la inauguración del cambio, de la esperanza, de lo nuevo. Cristo resucitó como signo de la transformación del universo; resucitó para hacerlo nuevo. Como cristianos, cuando decimos creer en la resurrección, no podemos, por consecuencia, tolerar relaciones, instituciones o sistemas que han sido minados por la fragmentación y la deshumanización. Quienes en verdad creen en la resurrección, lucharán por la transformación de este injusto mundo. La obra de Cristo es el punto de partida para esa nueva creación, para esa transformación.

Resumen

Jesús construye comunidad cuando se enfrenta a la anti-comunidad. La obra de la reconciliación, por medio de su muerte y resurrección, hizo posible destruir a los enemigos de la creación: el pecado y la muerte. El templo representaba el viejo orden, la creación bajo el pecado. Cuando los profetas percibieron al templo como signo de injusticia, lo impugnaron y presentaron la justicia en las relaciones como la verdadera manera de dar culto a Dios.

La resurrección representa el nuevo orden: la posibilidad de esa nueva y justa creación. Jesús es el constructor de comunidad en tanto que toda su obra revierte los efectos del pecado fragmentador. Es decir, en la cruz, Jesús hace posible la re-unión. De esta manera nos damos cuenta que la salvación es, en definitiva, un camino que lleva a la construcción de la comunidad de Jesús: la nueva creación.

En el próximo capítulo tendremos la oportunidad de estudiar el papel que juega la iglesia en el proceso de reconstruir lo creado y las implicaciones de esto sobre la espiritualidad cristiana.

4. Comunidad de fe, comunidad de amor

La fe en Dios, a través de Cristo,
es la presuposición necesaria
para amar a nuestros semejantes
y es, por lo tanto, la fuente de toda ética.

G.W. Forell

Comunidad cristiana significa
comunidad en Jesucristo y por Jesucristo.
No puede ser ni más ni menos que esto.
Es cierto,
para todas las formas de comunidad
que agrupen cierto número de creyentes,
desde la que se origina
por un simple y breve encuentro,
como la que resulta de una larga comunión
de todos los días.
Si podemos ser hermanos es sólo
por Jesucristo y en Jesucristo.

D. Bonhoeffer

*L*a espiritualidad cristiana siempre es colectiva, es espiritualidad de relaciones y, por lo tanto, de comunidad. La vida en comunidad es lo más esencial de la espiritualidad cristiana, es la esencia del reino de Dios. De allí que no podamos entender a la iglesia sin verla como la comunidad que participa del Reino y se (re)organiza en función de él.

La espiritualidad cristiana consiste en un nuevo modo de relacionarnos en amor, pues es precisamente esto lo que la distingue claramente de cualquier otra comunidad humana. Esta cualidad, sin embargo, se puede extender a toda comunidad, pues incluso el psicólogo Jung mantenía que la vida segura era aquella que se construía en relaciones de amor (cf. María L. Santa María, 1983:42). El amor entre la comunidad de fe es *ágape*. En su primera carta, Juan asegura que «Dios es *ágape*»; y por eso Dios ama, no motivado por un estímulo externo, sino porque esa es su naturaleza. El ágape es la base de la vida comunitaria, del compañerismo con Dios (Nygren, 1953:57).

Sólo la fe en Cristo hace posible la incorporación de los creyentes en la comunión de los santos, por lo que la iglesia sólo consigue su esencia en el ser de Cristo, que a su vez es uno con el Padre. Lutero, como Tertuliano y Agustín, entendía a la iglesia como el lugar que el Dios Trino estaba preparando para ser su morada escatológica, y en el cual ya estaba reinando secretamente y en amor.

La comunión de los santos (*communio sanctorum*) es la comunión o compañerismo de quienes cuidan su propio progreso ejerciendo su ministerio sacerdotal los unos con los otros. La iglesia es un compañerismo de amor cuyo propósito es ser uno, como el Hijo y el Padre son uno por amor. Esta comunidad se construye sobre el fundamento y la dinámica de experimentar y compartir el amor con que Cristo nos amó. Ese amor que nos ha impactado nos ha llegado como gracia, y al recibirlo como regalo también podemos recibir a quienes viven junto a nosotros en la comunidad. Al recibir a nuestro hermano como regalo, experimentamos una dimensión especial de la gracia divina. «Sólo puede hablarnos el que, siendo nuestro hermano, se ha hecho nuestra gracia, nuestra reconciliación, nuestra salvación antes del juicio. En la humanidad del Hijo de Dios se nos ha otorgado la gracia del hermano» (Bonhoeffer, 1995:82). Como resultado de que el Dios Trino es una comunidad divina, con su cuerpo forma una comunidad humana. La iglesia también es una comunidad espiritual en tanto que Dios existe como comunidad espiritual. Dios ha reproducido en la iglesia lo que él es en esencia: comunidad, espíritu y amor.

Lutero, junto a otros reformadores protestantes, ayudó a redescubrir el verdadero significado de la iglesia, ya no como una institución jerarquizada y burocratizada, sino más bien como la «comunidad de los santos» (*communio sanctorum*). No hubo nunca una marca más característica de lo que en esencia es la iglesia que el ágape. Esa es la marca del auténtico cristianismo: «Si se aman los unos a los otros, todo el mundo se dará cuenta de que son discípulos míos» (Jn. 13:35). Hoy, a pesar de vivir en una civilización postcristiana, esa marca sigue siendo nuestro mayor testimonio. Como creía San Agustín, la iglesia no sólo es la «comunidad de fe», sino también la «comunidad de amor». Esto fundamentalmente se debe a que la fe y el amor son inseparables. Para Lutero toda la ética cristiana se resume en que «la fe está activa en el amor», y luego explica: «Quien quiera ser un verdadero cristiano, y en el reino de Cristo ser un verdadero creyente, pero sus obras de amor no siguen a su fe, este no cree de verdad» (cf. Forell, 1954:88). Por lo tanto, ser una comunidad de fe es un acto invisible, que sólo se hace realidad plena al convertirse en una comunidad de amor.

> En cuanto comunidad de amor, la iglesia realiza la comunidad espiritual, que en esencia es dinámica. Al analizar el acto de la constitución moral de la persona como persona, encontramos que esto sólo se puede concentrar en los términos de ágape, la afirmación reunificadora del otro en términos del significado eterno de su ser. El presupuesto en la iglesia es que cada miembro tiene una tal relación con los demás y que esta relación se hace real en la cercanía espacial y temporal (el prójimo del nuevo testamento) (Tillich, 1984:222).

Lo que Tillich nos presenta sobre la comunidad de amor tiene un significado especial, ya que es precisamente allí donde el ser humano llega a obtener una valoración y repotenciación plena. La comunidad de los santos también es el lugar donde el ser humano puede saberse plenamente humano. Esto se debe a que el *ágape* es la última dimensión de la existencia humana, la más rica y formativa, pues en el ágape podemos trascender las limitadas posibilidades del ser humano. En las palabras de Tillich: «En todas las situaciones el elemento decisivo es el ágape, porque está unido a la justicia y trasciende los límites finitos del ser humano» (Tillich, 1974:41). De acuerdo con Paul Lehmann, la *koinonía* que genera el ágape es el contexto primario de la ética cristiana. Es allí donde la palabra y acciones de Dios toman una forma visible que permite la madurez humana y lleva a los seres humanos a responder a la acción divina (Duff, 1992:69). Así pues, la *koinonía* nos lleva a la humanización plena. Bonhoeffer aclara muy bien la diferencia entre la comunidad (*koinonía*) cristiana espiritual y la psíquica:

> Comunidad espiritual es la comunión de todos los llamados por Cristo. Comunidad psíquica es la comunión de almas «piadosas». La una es el ámbito de la transparencia, de la caridad fraterna, del ágape; la otra, del eros, del amor más o menos desinteresado, del equívoco perpetuo. La una implica el servicio fraterno ordenado; la otra, la codicia. La primera se caracteriza por una actitud de humildad y de sumisión hacia los hermanos; la segunda, por una servidumbre más o menos hipócrita a los propios deseos. En la comunidad espiritual únicamente es la palabra de Dios la que domina; en la comunidad «piadosa» es el hombre quien, junto a la palabra de Dios, pretende dominar con su experiencia, su fuerza, su capacidad de sugestión y su magia religiosa. En aquélla sólo obliga la palabra de Dios; en ésta, los hombres pretenden además sujetarnos a sí mismos. Y así, mientras una se deja conducir por el Espíritu Santo, en la otra se buscan y cultivan esferas de poder e influencia de orden personal —entre protestas de pureza de intenciones— que destronan al Espíritu Santo, alejándolo prudentemente; porque aquí la única realidad es lo «psíquico», es decir, la psicotécnica, el método psicológico o psicoanalítico, aplicado científicamente, y donde el prójimo se convierte en objeto de experimentación. En la comunidad cristiana auténtica, por el contrario, es el Espíritu Santo, único maestro, quien hace posible una caridad y un servicio en estado puro, despojado de todo artificio psicológico (Bonhoeffer, 1983:35).

Una vez más, es esa relación de *koinonía* generada por el ágape donde se afirma el proceso de perfeccionamiento integral y, por lo tanto, pleno del ser humano: la santificación y humanización. Lo que llegamos a ser por medio de la santificación y la humanización requiere la actividad de Dios en Cristo. Nuestra humanidad revela nuestra condición de pecadores. El proceso de humanización nos recuerda las armas que nos han sido dadas para combatir contra el pecado, y también nos recuerda que somos creyentes, no por naturaleza, sino por causa de Cristo que nos lleva a creer (Duff, 1992:11). En ese sentido, humanización y santificación son una y la misma cosa: ser uno con Cristo, plenamente humanos y divinos.

La iglesia como comunidad espiritual de amor tiene un sentido sacramental de unión con Cristo. Lutero creía que no había una unión más íntima, profunda e indivisible que aquella que los sacramentos nos permiten tener con Cristo. Además, la iglesia como comunidad espiritual de amor conlleva un cambio en la vida de los miembros de la comunidad. Lo esencial del amor divino es la capacidad para transformar aquello que es objeto de su amor, y nosotros somos transformados doblemente: cuando Cristo nos ama a nosotros, y cuando el amor de Cristo en nosotros nos lleva a amar a nuestro prójimo. Como cristianos, entonces, no sólo somos objetos, sino también sujetos del amor divino. Debido a ello, el amor es el motor principal para la misión cristiana.

Sólo el amor (ágape) que proviene de Dios es la base para una fraternidad verdadera, y la iglesia es ese proyecto comunitario de fraternidad. Sin ese amor divino cualquier comunidad dada opera meramente con un «amor psíquico», es decir, ansia, deseo; pero que no incluye el servicio (Bonhoeffer, 1982:23). Por eso Jesucristo nos hizo su cuerpo para amar por medio de nosotros. En las palabras de Evely, «Cristo no desea otra cosa: que cada uno de nosotros se le ofrezca, le preste su humanidad, para poder comenzar a vivir de nuevo. A él le gusta cualquier rostro, cualquier situación, cualquier familia, cualquier vida, y sabría poner en ella mucho amor» (Evely, 1977:86).

Desde una perspectiva sociológica, la iglesia es una comunidad con características peculiares. El libro de los Hechos (capítulo 2) la describe como una «comunidad de bienes»; es decir, tenían un estilo de vida cuyo epicentro era el ágape, la relación de encuentro profundo al interior de la comunidad de creyentes. Dicho ágape les daba la posibilidad de establecer relaciones maduras donde se afirmaba y se promovía a la persona como persona.

Si el pecado es la persecución de la autonomía y el cese de relaciones, la fe, por el contrario, es vivir en relación. Con su maravilloso trabajo intitulado «Ética comunitaria», Enrique Dussel nos ayuda a entender mejor la dimensión de las relaciones en el contexto de la fe cristiana. Para ello Dussel usa el concepto de *praxis,* que entiende como «el acto humano consciente que se dirige a otra persona, que busca construir al otro como persona. Praxis es la presencia real de una persona ante otra, en fin, la relación misma de dos o más personas» (Dussel, 1986:16). Aquí necesitamos precisar algunos aspectos importantísimos de este concepto. En primer lugar, no es cualquier tipo de acción, sino una acción consciente y constructiva; y en segundo lugar, esto presupone una proximidad real entre el sujeto y el objeto de la acción, lo cual precisa del establecimiento de una relación. Esa praxis es el fundamento de la vida en comunidad, que es también la esencia de la vida cristiana y del reino de Dios. Ahora bien, nunca llega a ser un acto constructivo sin darse en el contexto del *ágape*. Así pues, la praxis verdadera es una manifestación concreta del ágape.

El ser humano tiene dos necesidades fundamentales: vivir en comunidad (ser gregario) y ser amado. Una persona queda prácticamente anulada como persona humana al no estar en relación con otras personas. Dice Dussel: «Cuando estoy con mi rostro ante el rostro del otro en la relación práctica, en la presencia de praxis, él es alguien para mí y yo soy alguien para él. El estar rostro ante rostro, de dos o más, es el ser persona» (Dussel, 1986:17). Eric Fromm también nos ayuda a entender esta realidad: «Estar separados significa estar aislados, sin posibilidad alguna para utilizar mis poderes humanos. De ahí que estar separado signifique estar desvalido...» (Fromm, 1974:20). Según los evangelios, Jesús asegura que: «Donde hay dos o más reunidos en mi nombre, allí estoy yo en medio de ellos». ¿Si Dios está presente en la vida de todo cristiano, en qué difiere su presencia cuando hay dos o más reunidos en su nombre? Sencillamente en que, al estar en comunidad, estamos ante el sentido gregario de la presencia de Dios.

Por otro lado, el ser amado y amar son la primera gran necesidad del ser humano desde que nace hasta que muere. Sólo al amar, el ser humano se une verdaderamente y puede sostener relaciones constructivas. Comenta Fromm: «La incapacidad para alcanzarlo significa locura o destrucción, de sí mismo o de los demás. Sin amor, la humanidad no podría existir un día más» (Fromm, 1974:30). Sólo el ágape que se da al interior de la comunidad de fe hace posible que el ser humano satisfaga plenamente sus necesidades básicas. Esto se debe a que la comunidad le brinda la posibilidad de ser persona, y la praxis del ágape, que proviene del Espíritu Santo, lleva al desarrollo pleno de esas personas. Por eso Dussel afirma que: «La praxis como acción y como relación, tiende a la realización integral, que es la felicidad plena, el gozo y la alegría, que son fruto de la satisfacción» (Dussel, 1986:20). Por lo tanto, el ágape no es amor a sí mismo, es amor a la otra persona, como persona. Es así como en el ágape descubrimos el amor de justicia y la única base para las relaciones plenas.

Jesucristo, «el ágape encarnado», es, sin duda, el ejemplo más elevado de esas nuevas relaciones. Él es la misericordia puesta en práctica: el perdón. «Su misericordia nos ha enseñado a ser misericordiosos; su perdón, a perdonar a nuestros hermanos. Debemos a nuestros hermanos lo que Dios hace en nosotros. Por lo tanto, recibir significa al mismo tiempo dar, y dar tanto como se haya recibido de la misericordia y del amor de Dios» (Bonhoeffer, 1982:15). Ignorar al otro lo reduce de *persona* a un mero «ente», de la misma manera que nosotros dejamos de ser *personas* cuando nos alejamos de los demás.

El asunto ahora no es si amamos o no, más bien es si amamos con el amor ágape que busca la realización de la otra persona y no sólo de nuestro propio bien; donde el otro no es un objeto que uso para mi satisfacción o beneficio, sino una persona a la que se busca construir o dignificar. El amor cristiano es distinto, es exigente y no debe nunca ser confundido con el amor devaluado y truculento de la modernidad materialista.

El amor cristiano no se limita a ser un amor dirigido únicamente hacia Dios. De ser así sería una abstracción sin posibilidades de ser historificada. Por eso, el amor a Dios es siempre amor al prójimo también.

Ya no hay judío ni griego: La iglesia como la comunidad igualitaria

El judaísmo se constituyó excluyendo a los demás grupos étnicos, y para legitimar ese separatismo, apeló al hecho de ser «el pueblo elegido de Dios». Sin embargo, Israel entendió equivocadamente la elección divina. Saberse distinto a los demás pueblos se entendió como un privilegio y no como una responsabilidad. Kwesi A. Dickson nos ayuda a entender la actitud de Israel como un error de interpretación del plan y promesa de Dios con su pueblo, y que tal postura contradecía al espíritu de la ley y los profetas (Dickson, 1991:7-27).

A la iglesia en gestación (la iglesia naciente de Jerusalén) le tomó un tiempo digerir la idea de que los gentiles también eran parte de ella. Muchos cristianos de extracción judía entendieron el cristianismo como una versión revisada del judaísmo, donde los judíos seguidores de Jesús eran una especie de «re-elegidos». Gracias a Pablo y su teología en favor de los gentiles se arroja luz a este asunto en el primer siglo (Kaylor, 1988). Dickson nos ayuda a identificar asuntos importantes en el Nuevo Testamento, que nos permiten reconciliarnos con el genuino sentido incluyente de la tradición hebrea y jesucristiana.

En el evangelio según Mateo, se puede notar una sutil aversión contra «los gentiles» (término utilizado 15 veces). Por lo general, esto se debe al trasfondo y audiencia judía que tiene Mateo. Marcos, sin embargo, muestra que los judíos no eran mejor que los gentiles (12:1-14). En Marcos también encontramos que el bautismo de Jesús se debe entender como un acto de solidaridad con los no-judíos, ya que era un rito a través del cual los gentiles se hacían prosélitos. En Mateo 10:5, la misión de los doce, que excluía la predicación a los gentiles, parece haber terminado en fracaso; pero la de los 70 narrada por Lucas (el número puede estar relacionado al número de las naciones de la tierra de acuerdo a Génesis 10) es todo un éxito. Lucas corrobora esto en el libro de los Hechos de los Apóstoles.

La pregunta clave para los judíos cristianos era saber si los gentiles tenían cabida en el pueblo elegido de Dios. Pablo aborda ese asunto especialmente en la carta a los Romanos, donde discute el tema de los «judíos» y no de los «judaizantes» (como en Gálatas). En Romanos 11:26, Pablo llega a su argumentación más elaborada «... hasta que haya entrado toda la plenitud de los gentiles, y luego todo Israel será salvo...». Al decir «Israel», Pablo no se refiere al Israel original ni al Nuevo Israel (la iglesia). Aquí Israel es un nuevo conjunto humano donde ya no se puede diferenciar entre judíos ni griegos; es la iglesia en su plenitud escatológica.

Para llegar a esta conclusión Pablo construye toda una plataforma teológica. Desde el capítulo 1 al 3:20, demuestra la igualdad entre el gentil y el judío debido a la depravación universal. Del 3:21 al 4:25 habla de la justificación como el nuevo pacto tanto para gentiles como para judíos y, finalmente, presenta a la iglesia como la comunidad donde ese nuevo pacto toma cuerpo. El epicentro de toda la teología de Pablo es presentar a Cristo como el lugar concreto que hace posible la reunificación de toda la creación. Estar «en Cristo» es estar bajo la operación reunificadora del Espíritu.

En la comunidad de quienes están unidos a Cristo todos son iguales y todos valen por lo que son: «ya no hay judío ni griego». En esta comunidad todos sus miembros son por igual «extranjeros», con una ciudadanía escatológica que está directamente ligada al reino de Dios (Flp. 3:20; Gl. 4:26). Esta comunidad vive peregrinando y su fruto se hará manifiesto plenamente en la reunión universal (Mt. 24:31). Israel mismo era extranjero en Canaán (Lv. 25:23), pues la tierra era de Yahvé y no podía ser comprada. Y lo más importante es que Israel era extranjero en el mundo porque era el siervo de Yahvé (Nm. 23:9). Dado que Dios no es un ídolo nacional que opera en una región limitada, entonces su pueblo no puede estar limitado a la gente que habita un cierto territorio. Dios es creador de todo; por eso su pueblo es universal. Yahvé es el Dios de todos los pueblos (Am. 9:7), y por ello los profetas posteriores al exilio contemplan la opción de predicar al gentil (Is. 66:19) y alimentan la promesa de que todos los pueblos de la tierra regresarán a Yahvé (Is. 14:1; 45:14; 56:1-8; Zac. 14:16; Ez. 47:22).

Ser extranjero, en ese sentido, es el reconocer nuestra pertenencia común a Dios, es sabernos peregrinos, caminantes del mismo camino y con el mismo destino. Sabernos extranjeros nos da un sentido de orientación en medio de los seductivos ofrecimientos que nos tientan a quitar nuestra atención del camino. Por el otro lado, cuando ponemos nuestra atención en el reino de Dios, anticipamos en nuestro caminar los principios con los que viviremos para siempre, y hacemos de la expectativa de un «cielo nuevo y una tierra nueva» al estilo de vida ético del ahora. El reino de Dios es de igualdad, y por eso vivimos aquí en igualdad. Esto se debe básicamente a que el reino de Dios no es la última estación en la ruta del tren llamado la iglesia, sino que el reino es el tren y la iglesia ya está montada en él.

La misión de la comunidad cristiana

No se puede desarrollar una misionología sin antes entender plenamente el plan de Dios para toda la creación. Yahvé se negó siempre a ser el Dios privado de Israel, es decir, una divinidad territorial. Yahvé se afirma como el Dios de todos los pueblos (Am. 9:7; Is. 14:1; 45:14; 2:1-4; 56:1-8; Zac. 14:16-22; Ez. 47:22). La palabra *crear* (*bará*) también significa «conservar», pues Dios se mantiene unido a lo que crea para conservarlo (Is. 43:15; 45:7; 57:19). Por eso la creación, minada por el pecado, no fue condenada inmediatamente, sino que se le hizo entrar en un proceso de reconciliación.

La creación en sí misma es ya una alianza, el primer acto salvador de Dios. De allí que las alianzas divinas (Gn. 12:1-3, Ex. 20:1-17, y hasta la nueva alianza Jer. 31:33, 1 Co. 11:25) tienen por objetivo producir una nueva comunidad a partir de la cual se desarrolle la «nueva creación». La alianza es la iniciativa divina para restablecer las relaciones con el mundo creado. Por lo tanto, la alianza de la reconciliación es una re-creación que lo incluye todo.

Tanto la creación como la reconciliación tienen por objetivo fundamental establecer relaciones profundas entre Dios y su creación, especialmente con el ser humano. Por medio de su obra redentora Cristo hace posible la promesa de la alianza en la historia humana: la creación de un mundo nuevo a partir de nuevas relaciones. La alianza es en sí misma una relación. Cristo es ahora centro universal de re-unión donde todo lo creado se unifica (Ef. 1:3-23; Col. 1:12-20), y convierte a la iglesia en protagonista de ese proceso de convergencia. La iglesia es una nueva comunidad que le sirve a Dios como agente para unir a la humanidad y la creación entera (Ef. 3:3-11).

Tres ideas nos han salido al paso en esta sección: que el objetivo de la creación es establecer relaciones, que la alianza es en sí misma una relación, y que la iglesia existe para promocionar y encarnar esa relación. Por lo tanto, la nueva creación, o reino escatológico de Dios, no puede ser otra cosa que la forma suprema de relación. Ese reino, inaugurado por Cristo es donde desemboca la consumación del tiempo de Dios (*aión*), el estado pleno de lo nuevo. Tillich lo dice de esta manera: «Cuando el apóstol afirma que Jesús es el Cristo, quiere decir que en él está presente el nuevo *aión* que no puede envejecer. El cristiano vive gracias a la fe con la cual cree que en su interior habita lo nuevo que no es otra cosa nueva, sino el principio y la representación de todo lo que es realmente nuevo en el hombre y la historia» (Tillich, 1968:291-292).

Así pues, ya estamos en los últimos tiempos donde la presencia de Cristo es universal y el proceso de la culminación ha empezado. Donde está Cristo está también el *aión* de lo nuevo y donde la iglesia se ha convertido en la avanzada del Reino porque es «la comunidad que ya está llena de Cristo» (M.Barth, 1960:139). En la cosmovisión griega la historia no va hacia una culminación. Por lo tanto, en el pensamiento griego hay *cronos* pero no *aión*. En el cristianismo sí hay un desenlace final, un propósito divino en la historia. Todo el proyecto de la creación comienza y termina con Jesucristo, el *logos* y *kirios* eterno, por lo que donde está su presencia también está el *aión* y, por lo tanto, ya ha comenzado lo nuevo. En relación con Jesucristo el *aión* es el orden nuevo de la creación. El reino de Dios es la dimensión o esfera donde la voluntad de Dios se realiza. Cristo es el reino de Dios encarnado. Por eso donde él reina un nuevo orden opera: su voluntad.

Por el lado contrario, Satanás es «el dios de este mundo» (2 Co. 4:4). Él es quien gobierna en el presente *aión*, en el «*aión viejo*» que está siendo desplazado por el reino de Dios. El «mundo» aquí se refiere a la esfera o dimensión del mal, al orden de principios y valores éticos contrarios a los principios y valores del reino de Dios. Por eso en la esfera donde opera Satanás se cumple su propósito, ya que ciega a los incrédulos para que la luz del evangelio no llegue hasta ellos. Por eso hacen lo contrario a la voluntad de Dios.

La resurrección de Cristo garantiza su autoridad y hace realidad un nuevo horizonte para la iglesia: la nueva creación, el nuevo orden de Dios, su reino. Así que la visión escatológica del Reino, lejos de paralizar a las primeras comunidades de fe, proveyó la mayor motivación misionera (Cullman, 1950). Así pues, «la nueva creación» es el fundamento de la misión de la iglesia. A causa del señorío de Cristo es imperativo hacer discípulos entre las naciones.

Newbigin hace un señalamiento que nos ayuda a aclarar todavía más este asunto: «La implicación de una perspectiva escatológica verdadera tiene que ser de obediencia misionera, y la escatología que no produzca tal obediencia es falsa». Además, nos dice que: «La misión es la sustancia suprema de la vida de la iglesia» (Newbigin, 1961:201). Otra forma de ponerlo es decir que la iglesia es aquello que le corresponde *hacer*. La iglesia es comunidad porque *busca* hacer comunidad; está reconciliada porque existe para promover la reconciliación; anticipa al Reino porque lo proclama y participa de él. Sin la misión, la iglesia se autodestruye. La iglesia es la comunidad reconciliada que anticipa el establecimiento definitivo del reino de Dios y precisamente por eso tiene una misión; la iglesia es la nueva comunidad que promueve la nueva creación. Gracias a la promesa divina de lo nuevo es que la iglesia obtiene sentido para su existencia.

El reino de Dios fue inaugurado con la labor mesiánica de Jesús. El sacrificio de Jesús posibilitó la fundación de una nueva humanidad en la que tienen cabida tanto judíos como gentiles (Driver, 1994:248). Ahora al estar en Cristo Jesús ambos pueblos forman «una nueva humanidad» (Ef. 2:13, 15), una nueva familia humana, la cual existe unida por «un mismo Espíritu» (v. 18), en el Señor (v. 29), y en el Espíritu (v. 22). De los gentiles se dice que estaban «separados de la nación de Israel» y ajenos a las «alianzas» de la «promesa de Dios» (v. 12); pero ahora en Cristo los gentiles ya no son «extranjeros» ni «están fuera de su tierra», sino que «comparten ... los mismos derechos» y son «miembros de la familia de Dios» (v. 19). Precisamente por constituirnos dentro de la iglesia como «la familia de Dios» nos corresponde la responsabilidad de la misión. En otras palabras, los de la casa sirven la mesa.

Uno de los conceptos más útiles del Nuevo Testamento es el reconocimiento de la iglesia como familia de Dios. Según el Nuevo Testamento la verdadera «casa de Dios» es la comunidad de creyentes (cf. Coenen, 1980:241). Dios creó tres instituciones importantísimas y todas de carácter gregario: el matrimonio, la familia y la iglesia. Es muy sugestivo que Cristo se presente a sí mismo como novio, como Padre y como cuerpo. En otras palabras, las instituciones establecidas por él son fuente no sólo de la interacción humana, sino que son arquetipos de la interacción entre lo divino y la comunidad (que él mismo promueve entre la humanidad). Dios quiere tener una perfecta relación de matrimonio con la iglesia, una relación de familia y una relación encarnacional plena.

Israel fue elegido para vivir dentro de un estado de «filiación» con Dios (Mal. 1:6), en tanto que el «hijo mayor» (Ex. 4:22) estaba llamado a expandir la familia de Dios entre las «familias del mundo» (Gn. 12). Así también la iglesia es ahora adoptada como «hijo» para hacer lo que Israel no pudo. Los cristianos no sólo son llamados hijos de Dios, sino que son hijos de Dios (1 Jn. 3:1). Esto quiere decir que no es una mera formalidad jurídica, sino una realidad ontológica. Dios ha compartido su naturaleza con nosotros y participamos así del «ser» de Dios. La adopción sobrenatural que recibimos en el bautismo por medio de la fe en Cristo, nos hace uno con él (Gl. 3:26-28; Ro. 6:5). Esa adopción especial que nos hace familia, que se da en el bautismo por obra del Espíritu, nos lleva a la comunión plena con el Padre (*Abba*) y con nuestros hermanos (Ro. 8:14-17; Gl. 4:4-7); somos familia para tener relaciones perfectas con el Padre y con sus otros hijos. Cristo mismo es el «primogénito entre muchos hermanos» (Ro. 8:29, RV). Nuestra adopción como hijos no es solamente en el sentido legal, sino que es más profunda. Es como la relación de Dios Padre y Dios Hijo. Esto se debe básicamente a que también participamos del Espíritu Santo; es decir, de la naturaleza divina, del amor divino. Esto nos lleva a replantearnos la noción de ser familia de Dios. Los lazos filiales, según Jesús deja ver, ahora están fundamentados en nuestra obediencia a Dios, porque los hijos e hijas de Dios «... son aquellos que hacen la voluntad de mi Padre».

Seguir a Jesús en comunidad

Se dice que en el día del Pentecostés (el recibimiento del Espíritu Santo prometido a los discípulos de Jesús) se afirmó la iglesia cristiana. Reunida en el aposento alto, una comunidad de 120 discípulos experimentó un acto sobrenatural que marcó no sólo la vida, sino también la misión de los que seguimos a Jesús para siempre. Desde aquel día, la comunidad de Jesús es una comunidad-testigo; es decir, que proclama su propia existencia y experiencia comunitaria en Cristo. La transmisión de la fe era una cuestión de permanecer como comunidad. La dinámica interna de la iglesia primitiva giraba en torno a los bienes comunes y el partimiento del pan (Hch. 2:42-44). En su práctica, aquella era una comunidad eucarística (de comunión), de encuentro.

En la cultura helenizada de aquellos días, el amor *eros* se entendía como una relación donde prevalecían los intereses propios de las partes. Por otro lado, el amor *filia* era el que existía entre personas que pertenecían a clases iguales o a entidades nucleares compartidas, como la familia. En contraste a esos tipos de amor, los cristianos de las primeras comunidades de fe, practicaban y se regían por el amor *ágape*, tal y como lo enseñara Jesús (Jn. 13:35) y apóstoles de la iglesia como Pablo (1 Co. 13) y Juan (1 Jn. 2:3-11). El amor ágape no es un amor a sí mismo como el eros, o limitado a un grupo selecto, como el filia; el amor cristiano más bien tiene como propósito el beneficio del otro, la aceptación del otro por su valor como persona (algo sagrado). Por tanto, en su práctica, el amor ágape es el modelo de las relaciones plenas entre personas, es un amor de justicia, es decir, para ser vivido en comunidad. Así que cuando la comunidad de fe primitiva vivía en ágape, estaba mostrando lo más esencial del evangelio, que es el ágape del Padre y de Cristo a la humanidad y esa praxis proclamaba las «buenas noticias». La forma más radical de ser testigo de Cristo es viviendo en el fragor de una comunidad-ágape.

La experiencia comunitaria-ágape define la esencia de la fe cristiana y, junto con ello, nos ayuda a entender que no se puede ser testigo de Jesús si lo que se testifica no es la manifestación mínima del ágape. Y este ágape es el resultado de la presencia definitiva en la comunidad del Espíritu Santo prometido. Si el Espíritu Santo es el amor entre el Padre y el Hijo, entonces sólo el amor (el Espíritu Santo) puede revelar perfectamente la esencia de la Trinidad; por eso la experiencia comunitaria-ágape desarrollada por la presencia del Espíritu de Pentecostés, es la forma auténtica de proclamar y anticipar el reino de Dios, al que sólo tienen acceso quienes son testigos de Jesús.

No podemos seguir a Jesús sin ser testigos, y no podemos ser testigos sin vivir en la experiencia ágape. Así pues, estar, vivir en comunidad es la única forma de cumplir la misión histórica de la iglesia. En el bautismo de Jesús en el Jordán (Lc. 3:22) el Espíritu Santo ratifica la misión salvadora de Jesús (Lc. 4:18-20). Cristo es en sí mismo la máxima revelación de Dios y el amor llevado a su máxima expresión. En Pentecostés, y como continuidad del ministerio de Jesús, el Espíritu Santo capacita a la comunidad para vivir en ágape y la libra de convertirse en una comunidad privada y exclusivista. Sucede todo lo contrario, la arroja a la aventura de ser testigos por todo el mundo. Por eso las diferentes lenguas se manifiestan en Pentecostés, para anunciar que en el ágape, la comunidad y la misión es constituida y construida por todos. Es así que el Pentecostés nos permite recuperar «la promesa abrahámica». En el

Pentecostés la comunidad de fe, bajo la acción del Espíritu, habla a la gente de todas partes del mundo (Hch. 2:5) en su propio idioma (v. 6). Al mismo tiempo lanza a la comunidad de fe al mundo para hacer del mundo una gran comunidad de fe donde todos se amen como iguales y busquen el beneficio de los otros. En el bautismo, la obra del Espíritu siempre consiste en hacernos comunidad.

Una comunidad capacitada para encontrarse con los demás

No hay duda de que el Espíritu de Dios es el que nos hace parte de la comunidad de Dios en el bautismo, y con el propósito (misión) de que hagamos a otros parte de esa comunidad. En la torre de Babel, Dios confunde las lenguas para acabar con el grupismo malsano y mezquino de gente que trabajaba en conjunto para el puro beneficio privado de su grupo. En el Pentecostés Dios da las lenguas para acabar con los esquemas igualmente privatizantes de los primeros discípulos, que a pesar de que Jesús les había hablado del reino de Dios por 40 días después de su resurrección, todavía persistían en querer construir su pequeño reino exclusivista (el de Israel). En Pentecostés Dios hace de sus discípulos una comunidad a-geográfica, multicultural y multi-étnica; la hace un espacio humano inclusivo donde todos se sienten pueblo, familia y cuerpo, donde la «bendición abrahámica» comienza a ser experimentada (el universalismo abrahámico). La verdadera «catolicidad» de la iglesia reside en una apertura «a todas las familias de la tierra», para hacerse un cuerpo con la participación de todas ellas. Ese cuerpo es el cuerpo de Cristo al que tenemos entrada en el bautismo, y del cual el Pentecostés es su signo.

Es importante destacar el hecho de que, a través de la experiencia del Espíritu Santo, la comunidad de los discípulos de Jesús se convierte en una comunidad inclusiva y reconciliadora. La iniciativa del reencuentro con los demás a través del testimonio y misión no es humana; más bien es la iniciativa del Espíritu Santo para reencontrarnos con los demás, con el otro (nuestro prójimo). Al encontrarnos, no sólo alcanzamos a cumplir la misión histórica a la que Dios nos desafía en amor, sino que también ese «reencuentro» es la esencia de nuestra espiritualidad. Esto quiere decir que la

misión, como respuesta de amor a ese encuentro primero con el
Creador, como obra del Espíritu, nos lanza a buscar a nuestro hermano y a nuestra hermana para construir con ellos la comunidad.
Como consecuencia, toda forma legítima de cumplir la misión nos
une al otro y a los otros (la comunidad) y, por lo tanto, de esa relación promovida por el Espíritu depende nuestra relación con Dios.
Leemos en 1 Juan 4:19-21:

> Nosotros amamos porque él nos amó primero. Si alguno dice: «Yo
> amo a Dios», y al mismo tiempo odia a su hermano, es un menti-
> roso. Pues si uno no ama a su hermano, a quien ve, tampoco
> puede amar a Dios, a quien no ve. Jesucristo nos ha dado este
> mandamiento: que el que ama a Dios, ame también a su hermano.

Queda bastante claro que la espiritualidad cristiana está construida con base en una doble relación, que además es inalterable e
ineludible. El Espíritu Santo nos lleva a reencontrarnos con los
otros, especialmente con quienes han sido excluidos violenta e
injustamente de la bendición de Dios (los pobres, oprimidos y mar-
ginados). En la expresión de amor a nuestros semejantes, se manifiesta el Espíritu de Dios a través de nuestras vidas y encontramos
a Dios en nuestros semejantes. Tal como lo dice el evangelio:

> «Y dirá el Rey a los que estén a su derecha: 'Vengan ustedes, los
> que han sido bendecidos por mi Padre; reciban el reino que está
> preparado para ustedes desde que Dios hizo el mundo. Pues tuve
> hambre, y ustedes me dieron de comer; tuve sed, y me dieron de
> beber; anduve como forastero, y me dieron alojamiento. Estuve
> sin ropa, y ustedes me la dieron; estuve enfermo, y me visitaron;
> estuve en la cárcel, y vinieron a verme.' Entonces los justos pre-
> guntarán: 'Señor, ¿cuándo te vimos con hambre, y te dimos de
> comer? ¿O cuándo te vimos con sed, y te dimos de beber? ¿O
> cuándo te vimos como forastero, y te dimos alojamiento, o sin
> ropa, y te la dimos? ¿O cuándo te vimos enfermo o en la cárcel, y
> fuimos a verte?' El Rey les contestará: 'Les aseguro que todo lo
> que hicieron por uno de estos hermanos míos más humildes, por
> mí mismo lo hicieron'» (Mt. 25:34-40).

En el amor y el servicio nosotros llegamos a convertirnos en
«Cristo» para quienes pasan necesidades. Pero lo maravilloso del
misterio divino es que, a la misma vez que nosotros somos «cris-

tos» servidores y amorosos para otros, también descubrimos a Cristo en los otros. Esa es la esencia de la «proximidad divina» del Emanuel (del Dios con nosotros).

El Bautismo y la Cena del Señor son dones de Dios para el pueblo de Dios. En ellos Dios se nos acerca para tener comunión con nosotros; pero la manera en que esto sucede es cuando nos reencontramos con nuestros hermanos y hermanas. Junto a ellos descubrimos cuán próximo está Dios a nosotros, pues al convertirnos en dones de Dios los unos para los otros, al entregarnos por los otros, nos convertimos en signos de aquel que por amor se entregó por todos nosotros.

El Espíritu Santo lleva a los discípulos a romper, por amor, todos los esquemas de prejuicio socio-cultural y religiosos que la comunidad judía tenía para con los samaritanos. El Espíritu Santo restablece la relación que fue interrumpida por el odio, los complejos o las ideologías deshumanizantes. ¿Qué significa que los samaritanos hayan recibido el Espíritu Santo? ¿Qué significa que hayan recibido el Espíritu Santo, Cornelio y los otros gentiles? Como ya dijimos, el Espíritu Santo es la garantía de nuestra heredad (derecho de hijos) en el reino de Dios, el reino en el que todos son incluidos y todos son iguales.

El Espíritu Santo nos hace participantes de la promesa hecha a Abraham (sus herederos) de que nadie los esclavizaría (Jn. 8:33). Sin embargo, ellos eran esclavos del odio, del orgullo y de un fuerte sentido de superioridad racial y religiosa. Por eso la promesa de Jesús se hace necesaria: «Si el Hijo los hace libres, ustedes serán verdaderamente libres» (v. 36), y es el Espíritu quien nos lleva a vivir en libertad (2 Co. 3:17). La libertad es parte de lo que el Espíritu, por su naturaleza, promueve. La ley del Espíritu es el amor, y esa ley nos libera de la ley del pecado (Ro. 8:2). Quien no ama no es libre, sigue siendo esclavo del pecado, es decir, de los deseos de la carne que por naturaleza buscan centrar toda su atención en el beneficio propio. Dios quiere que dejemos de vivir según nuestra naturaleza egoísta (pecadora), para vivir según el Espíritu (Ro. 8:3). Quien vive para la carne (para sus deseos mezquinos de anti-comunidad) está muerto en sus delitos y pecados. Por eso Juan dice: «El que no ama... permanece en muerte» (1 Jn. 3:14, RV). Para poder amar hay que estar vivo. Quien no vive en la ley del Espíritu de amor vive siempre muriendo: «porque si vivís conforme a la carne, moriréis; mas si por el Espíritu hacéis morir las obras de la carne, viviréis» (Ro. 8:13, RV). Pablo no termina este capítulo sin antes mencionar que el Espíritu de Dios, que hemos recibido, no es un Espíritu de esclavitud, sino un Espíritu que nos hace a todos hijos legítimos de Dios.

La comunidad sanadora: Resolución de conflicto en las relaciones interpersonales

La existencia humana está siempre en conflicto. La iglesia, como comunidad alternativa, es recipiente de un grupo de hombres y mujeres, inspirados por el Espíritu de Dios, que buscan vivir en reciprocidad construyendo horizontes comunes. Para que esto se haga realidad es necesario resolver los conflictos que les separan. El pecado ha erosionado y fragmentado nuestra personalidad. Por eso nuestro temperamento, emociones, voluntad y razón están afectados en muchas ocasiones.

Al definir a la iglesia como fenómeno gregario de seres humanos, Lutero entiende que está en tensión perenne. Para Lutero la iglesia es al mismo tiempo «la comunidad de los santos» (*communio sanctorum*) y «la asamblea de pecadores» (*ecclesia peccatorum*). Lutero entiende que la comunidad de fe existe en esa tensión continua de ser santa y pecadora simultáneamente y, por lo tanto, ve la constante necesidad que tenemos como seres humanos de examinarnos, de confesarnos, de buscar la renovación y la salud junto a nuestros hermanos y hermanas. En la comunidad de los fieles somos liberados de la opresión del pecado, por medio de la gracia. Recibimos la salud que arranca las profundas raíces del pecado y con ello sana las heridas dejadas por él (físicas, psicológicas, emocionales). Así que la comunidad de fe es también una comunidad terapéutica.

Se nos hace difícil relacionarnos con otros, precisamente, porque el estado de pecado se manifiesta como separación de los demás, y se expresa en indiferencia e insensibilidad hacia los otros, y en un deseo ulterior de dominar a los demás. Al ser indiferentes e insensibles con los demás, o al tratar de dominarlos, rompemos la posibilidad de amar. Quien ama se hace vulnerable al objeto de su amor, lo acepta, se hace su siervo, y lo prefiere por encima de su propia vida. Dios nos amó a costo de su vulnerabilidad. Si hubiera sido indiferente e insensible, nunca nos hubiera amado, y en vez de una relación de reconciliación hubiera establecido una de dominación.

La persona insensible e indiferente es aquella que está tan ensimismada y que vive tanto para sí misma que no puede darse cuenta que necesita relacionarse con otros para vivir plenamente; y para vivir no sólo en el sentido formal, sino también en el sentido ético. Debido a la clausura de la posibilidad de amar que causa la indiferencia y la insensibilidad, la persona humana se afirma como suprema en el cosmos, dejando de reconocer su necesidad de otros, y, por lo tanto, niega la existencia de los otros. Así pues, los «mata» al negarse a amarlos.

La persona insensible e indiferente se ha convertido en un ídolo para sí misma. «El ídolo —como dice E. Fromm— es la forma alienada de la experiencia de sí mismo que tiene el hombre». En esencia, toda idolatría es negación de Dios y afirmación del ego. De allí que en el ser humano insensible e indiferente existe el deseo de control y dominación de los otros, pues se ha negado rotundamente a la posibilidad de amar, ha cerrado sus ojos espirituales a la presencia de otros, los ha negado para idolatrarse, y con ello también ha negado a Dios. La insensibilidad e indiferencia son un mecanismo psicológico para devaluar lo sagrado y digno de la persona, y por eso es criminal y un acto de ateísmo. La gran obra destructiva de la indiferencia es esa forma peculiar de odio y violencia contra Dios y el ser humano. Con toda razón la Escritura nos dice que «El que odia a su hermano está en tinieblas» (1 Jn. 2:11, RV).

La sanación de los conflictos interpersonales depende directamente de la debida valoración de la dignidad de la vida y lo sagrado de la persona humana. La indiferencia e insensibilidad se oponen a la valoración de la persona. Cuando se rompe ese nivel ético-valorativo, y se deja de reconocer que la otra persona es un ser creado con valor e importancia para el Creador y objeto del amor divino, entonces se ha cerrado a la posibilidad del perdón y de la reconciliación. La obscuridad espiritual es tanta que ya no puede ver a los demás como sus hermanos. Como ya lo hemos señalado antes: «el que odia a su hermano vive y anda en oscuridad, y no sabe a dónde va, porque la oscuridad lo ha dejado ciego» (1 Jn. 2:11).

En la parábola del rico y Lázaro (Lc. 16:19-31), Jesús ilustra de manera perfecta el «ciclo de la insensibilidad y la indiferencia»:

> Había un hombre rico, que se vestía con ropa fina y elegante y que todos los días ofrecía espléndidos banquetes. Había también un pobre llamado Lázaro, que estaba lleno de llagas y se sentaba en el suelo a la puerta del rico. Este pobre quería llenarse con lo que caía de la mesa del rico; y hasta los perros se acercaban a lamerle las llagas. Un día el pobre murió, y los ángeles lo llevaron a sentarse a comer al lado de Abraham. El rico también murió, y fue enterrado.

El hombre rico vivió toda su vida concentrado en satisfacer sus propias necesidades, y se negó ningún lujo para hacer su estancia más agradable. Por otro lado está el pobre y desdichado Lázaro, siempre enfermo y hambriento. Dos vidas juntas y claramente en contraste: una caracterizada por la opulencia y la otra por la total indigencia. Nos dice la parábola que ambos murieron, y uno fue al infierno y el otro al paraíso eterno, y cuando el rico vio a Abraham junto con Lázaro comenzó a gritar:

> '¡Padre Abraham, ten lástima de mí! Manda a Lázaro que moje la punta de su dedo en agua y venga a refrescar mi lengua, porque estoy sufriendo mucho en este fuego.' Pero Abraham le contestó: 'Hijo acuérdate que en vida tú recibiste tu parte de bienes, y Lázaro su parte de males. Ahora él recibe consuelo aquí, y tú sufres.'

A primera vista parece que la razón por la cual el hombre rico se halla en el lugar de castigo eterno guarda relación directa con su riqueza. De igual manera, en el caso de Lázaro parece que el paraíso fuese el premio a su período sostenido de miseria y dolor. En realidad la causa que determina este destino eterno para el rico es el no haber usado su riqueza para suplir la necesidad de su prójimo (Lázaro) y así, al negarse a amarlo, vivió para dominarlo. La insensibilidad e indiferencia del rico no son sólo un pecado de omisión. Debemos entender que la riqueza existe por la pobreza que se le impone a otros. No existe la una sin la otra. La riqueza (ser rico) es una forma de negación y activa destrucción de los otros. Lo que esto quiere decir es que el rico no sólo cometió pecados de omisión (dejar de hacer lo bueno en favor de los otros), sino también pecados de comisión al negarse a reconocer la pobreza como fruto del pecado (separación-dominación) que erosiona y deshumaniza a su prójimo. No oponerse al pecado y sus frutos también implica estar en contra de aquellos que son víctimas del pecado.

En esta parábola, las palabras del padre Abraham: «a ti te fue bien... a Lázaro le fue muy mal», tienen un significado ético-valorativo. El uso sistemático y sostenido de una relación de dominación trae la acumulación de bienes materiales, por lo que no se puede amar y ser rico al mismo tiempo. Por la abundancia de su riqueza, el rico había dejado de reconocer a Lázaro como un igual; y esto al punto que no pudo reconocer que la miseria de la cual Lázaro era víctima era producto de su propio pecado. Debido a su práctica económica, el rico se había insensibilizado a tal grado que nunca se sintió responsable de su prójimo Lázaro. Con ello comprobamos lo que dicen las Escrituras: «el amor al dinero es la raíz de todos los males» (1 Tim. 6:10).

La insensibilidad y la indiferencia son algo que siempre llevamos en nuestro interior, y que nos sirve para intentar zafarnos de nuestra responsabilidad ética con los demás. Ser insensibles e indiferentes es algo con lo que intentamos colocarnos por encima de los demás, algo que nos hace sentirnos más importantes y más valiosos que los demás. Pero es un mecanismo de defensa para eximirnos de actuar éticamente ante otras personas. Esa pretensión de estar más allá del mal, sólo termina en la idolatría, y el ídolo sólo existe para encubrir un estado de dominación. Al identificarse con un aspecto parcial de su yo, la persona se autolimita a este aspecto; pierde de vista su realidad como ser humano y deja de creer que hay algo o alguien trascendente. De esta manera, depende y se somete a un dios falso (ídolo), pero en la sumisión solamente proyecta una sombra, y no la esencia de su yo. La esencia del ser humano está en reencontrarse con Dios y consigo mismo. Al hacerse sensible y atento al otro, lo valora plenamente y le sirve, y haciendo eso se entrega por completo al amor de Dios: «si uno obedece su palabra, en él se ha perfeccionado verdaderamente el amor de Dios» (1 Jn. 2:5).

Cada vez que utilizamos nuestra riqueza, nuestro prestigio, conocimiento, o cualquier otra cosa para creernos superiores a los demás y, por lo tanto, liberados de responsabilidades para con ellos, rompemos toda posibilidad de unión y reconciliación. La sanidad interior, así como la resolución de conflictos interpersonales, comienza con el pleno reconocimiento de los seres humanos como objetos dignos del amor divino.

El Espíritu Santo aparece en el Nuevo Testamento como el Consolador. Esto hace suponer que en el mundo hay una evidente necesidad de consuelo. Lutero solía hablar de la iglesia como «la comunidad de la mutua consolación», y esto solamente es posible al recobrar la práctica de la confesión y el perdón. Lutero batalló mucho para declararse teológicamente en favor de la confesión privada como sacramento; aunque finalmente desechó esa idea, sí enseñó el uso de la confesión como algo importantísimo. Confesar nuestras culpas a Dios para obtener su perdón siempre está conectado a nuestra disposición de perdonar a quienes nos confiesan sus culpas. Por eso oramos: «perdónanos nuestros pecados, porque también nosotros perdonamos a todos los que nos han hecho mal» (Lc. 11:4).

La experiencia del perdón es la más alta expresión posible de las relaciones interpersonales. El desarrollo social de una persona recorre diferentes etapas: dependencia (ciclo de la infancia), contradependencia (ciclo de la adolescencia), dependencia mutua (ciclo de la adultez temprana), independencia (ciclo de la adultez tardía), e interdependencia (ciclo de la madurez). Esta última etapa del ciclo de la evolución social de una persona, que representa el estado de perfeccionamiento de las relaciones interpersonales, podría no producirse nunca.

Ser adulto no necesariamente implica ser maduro. La madurez se caracteriza por la habilidad de sostener relaciones interpersonales responsables que necesariamente incluyen el ejercicio del perdón, entre otras cosas. La iglesia está llamada a ser esa comunidad sanadora que promueve la resolución de conflictos en las relaciones interpersonales por medio del ejercicio del perdón. Por lo tanto, la iglesia es la comunidad diseñada por Dios para que aprendamos a madurar, es decir, que aprendamos a amar.

Resumen

A través de este capítulo hemos considerado distintas apreciaciones eclesiológicas, o sea, definiciones que contribuyen a un entendimiento de la iglesia como una comunidad dinámica.

Redescubrir a la iglesia como comunidad de fe y amor es el punto de partida para lograr entender su esencia. Al redescubrirse como comunidad, la iglesia también puede reorientar su vida y misión. Como comunidad, la iglesia es el espacio humano donde el Espíritu de Dios forma otra vez en nosotros la imagen y la semejanza de Dios. Este capítulo ha presentado la iglesia como la comunidad donde sanamos, maduramos y nos humanizamos.

En el próximo capítulo exploraremos el papel del Espíritu Santo como agente restaurador de las relaciones humanas.

5. El Espíritu Santo y la comunidad

Toda la historia de la iglesia
es la historia de la reforma de la iglesia
por el Espíritu.

J. Ellul

&l Espíritu Santo no es una fuerza, ni una influencia, sino una persona. Por lo tanto, es capaz de relacionarse de manera dinámica con nosotros, que también somos personas. El Padre, el Hijo y el Espíritu Santo existen desde siempre como una comunidad, y de ahí que vivan en permanente interrelación e interpenetración de las personas: «Hay tres personas de única comunión» (Boff, 1986:66).

En el principio, la función del Espíritu fue cambiar el caos por el orden; la tierra estaba desordenada y vacía y el Espíritu se movió sobre ella para darle vida. Ese fue el primer acto salvífico de Dios, pues salvar es darle vida a algo (cf. Costas, 1973:108). Siempre que el Espíritu Santo actúa crea vida; y la vida es la base de la existencia y de la comunidad. El Espíritu Santo está continuamente aportando las condiciones necesarias para crear comunidad. Esto se debe básicamente a que el Espíritu es persona (que se relaciona), transfiere vida (que se comunica) y también es promotor de la unidad entre el Padre y el Hijo (para tener comunión). El Espíritu Santo es verdad porque nos lleva a llamar a Jesús Señor, a tener una comunión especial con él (1 Jn. 4:1-2) y a reconocer a Dios como *Abba*, con el fin de recobrar esa comunión perfecta que da origen y sentido de la vida (Ro. 8:15-16). *Abba* es una palabra aramea, una forma utilizada por los hijos para llamar con cariño a sus padres en la intimidad del hogar. De la misma manera, el Espíritu quiere llevarnos a una relación de intimidad con nuestro Creador.

Jesús le dijo a la mujer samaritana: «Créeme, que la hora viene cuando ni en este monte ni en Jerusalén adoraréis al Padre... Mas la hora viene, y ahora es, cuando los verdaderos adoradores adorarán al Padre en espíritu y en verdad...» (Jn. 4:23, RV). En otras palabras, la única forma de relacionarnos con Dios es por el Espíritu Santo. Adorar a Dios «en espíritu» es trascender la barrera del espacio de las religiones «en este monte o en Jerusalén». El Espíritu es la esencia absoluta de Dios que le da significado y sentido a todo lo creado.

El plan del Espíritu Santo es que el Padre y el Hijo puedan morar en el ser humano (Jn. 14:21-24), y que así todo ser humano llegue a ser uno con Dios. Dios es íntegro, es completamente uno, perfectamente integrado entre sus tres personas y su mundo creado; y por eso, el Espíritu Santo busca incorporarnos a la experiencia de total plenitud, que consiste en que nuestro ser sea una realidad unificada donde nuestro querer sea nuestro hacer. De esta manera estaremos integrados a la semejanza del Dios Trino, y podremos ser generadores de nueva unidad; es decir, seremos constructores de relaciones profundas y de comunidad.

Dios es espíritu porque es totalmente esencia absoluta, está completo en sí mismo y, por lo tanto, toda vida depende de él. Dios es espíritu porque es plenamente uno y totalmente amor. Adorar a Dios «en espíritu» es hacernos uno con él y hacer de nuestra existencia una experiencia viva de amor tal como él es. Por consiguiente, adorar a Dios «en espíritu» es también hacernos uno con los demás y traer a Dios a la vida del «otro» por medio de la experiencia más esencial de Dios: el amor.

Ser uno con el Padre, como Jesús es uno con el Padre, es una unidad que genera amor: «Si vuestro padre fuese Dios, ciertamente me amaríais; porque yo de Dios he salido, y he venido» (Jn. 8:42, RV). Al reconocer a un padre común y un señor de todos por el Espíritu, también llegamos a entender la cercanía entre los seres humanos, que es punto de partida para un compañerismo incendiario. Dios no puede ser Padre solo; para ser padre se necesita un hijo. El hijo no puede ser hijo por sí mismo; todo hijo necesita un padre.

El Espíritu no existe sino como sujeto del amor. Dios es un compañerismo perfecto porque las personas de la Trinidad viven permanentemente en presencia las unas de las otras. «Yo soy hermano de mi prójimo gracias a lo que Jesucristo hizo por mí; mi prójimo se ha convertido en mi hermano gracias a lo que Jesucristo hizo por él» (Bonhoeffer, 1982:16).

El Espíritu Santo y las relaciones humanas

El segmento de Efesios que va desde 5:18 al 6:9, es clave para entender cómo la experiencia diaria con el Espíritu Santo es normativa en el proceso de relacionarnos unos con otros dentro y fuera de la comunidad de fe. En 2:11-22 Pablo asegura que el Espíritu Santo, que es común en todos los creyentes, nos abre el camino para superar nuestras diferencias y derrumbar toda pared que trate de interrumpir las relaciones humanas.

La exposición de Pablo sobre el Espíritu Santo y las relaciones humanas comienza con el siguiente imperativo: «No se emborrachen, pues eso lleva al desenfreno; al contrario, llénense del Espíritu Santo». Todo lo que es contrario al Espíritu de la vida lleva a la muerte. Todo lo que es contrario al Espíritu que reconcilia lleva a disolución y a la separación (estado de pecado). El abuso del vino, ayer y hoy, es el causante de que muchas relaciones humanas fracasen. Pablo toma tan clara ilustración como su punto de partida para subrayar que, a menos que el Espíritu Santo esté gobernando nuestra vida, nuestras relaciones interpersonales estarán siempre marcadas por disoluciones. En este pasaje Pablo concentra su atención en tres tipos de relaciones interpersonales claramente representativas de la diaria experiencia humana. Estas son: las relaciones matrimoniales (5:22-33), las relaciones familiares (6:1-4), y las relaciones productivas o de trabajo (6:5-9).

Relaciones de pareja

Estén sujetos los unos a los otros, por reverencia a Cristo. Las esposas deben estar sujetas a sus esposos como al Señor. Porque el esposo es cabeza de la esposa, como Cristo es cabeza de la iglesia, la cual es su cuerpo; y él es también su Salvador. Pero así como la iglesia está sujeta a Cristo, también las esposas deben estar en todo sujetas a sus esposos. Esposos, amen a sus esposas como Cristo amó a la iglesia y dio su vida por ella (Ef. 5:21-25).

El texto enfatiza dos cosas importantes. En primer lugar, la sujeción es un acto recíproco; en segundo lugar, es un acto comunitario. Por lo tanto, «sujetarnos unos a otros» es un principio de vida cristiana. Sujetarnos es tomar en serio a la persona como persona. Tanto «sujetarse» como «amar» son actos concretos a través de los cuales dignificamos a otra persona y nos obligan a tomar en serio el valor que tiene la otra persona. En este caso «sujetarse» tiene el sentido de «venerar a la pareja». Venerar es más que simplemente reconocer que los demás son creación divina, es reconocer en el otro, en su rol de esposo o esposa, el rol mismo de Dios manifestado a través del uno y el otro. Venerar «es un sacro temor ante la grandeza del otro; por medio de él, el hombre renuncia a posesionarse del otro y a utilizarlo para sus propios fines» (Boros, 197:39) y sólo así se evitará la tentación de tratarlo como a una cosa. El Espíritu Santo, al «llenarnos», al estar en control de nuestras emociones, de nuestra razón y voluntad, nos lleva a redescubrir la grandeza del otro, que por causa de la rutina, la avaricia y el materialismo del sistema antes era imperceptible.

Venerar no es idolatrar al otro. Por el contrario, es someterse al otro en la completa libertad que da el amor. Jesús se somete al Padre y esto para nada sugiere que el Padre sea de mayor rango que Jesús; el Padre y el Hijo están al mismo nivel porque son Dios. Al sujetarnos al otro en amor nos hacemos uno con esa persona. La acción de sujetarse al marido, por un lado, y la de amar a la esposa, por el otro, siempre deben ser acciones recíprocas, pues a final de cuentas son la misma exigencia. Así pues, también el marido ha de sujetarse a la esposa, y ella ha de amarle. El esposo quiere ser respetado para que así le digan cuánto lo aman, y la esposa quiere ser amada como expresión de respeto. Al interior de estas exigencias conyugales hay un elemento normativo a ser observado. En ambas el punto de referencia es el Señor mismo: Sujétense a sus maridos «como al Señor» (como si fuera el Señor) (v. 22) y, «Amen a sus esposas como Cristo amó a la iglesia y dio su vida por ella» (v. 25).

Ver a Cristo en mi esposo o en mi esposa, nos habla de una nueva forma de entender las relaciones humanas y especialmente las relaciones matrimoniales. Como Cristo se hizo un solo cuerpo con la iglesia, el esposo y la esposa se hacen un solo cuerpo en el matrimonio.

Cuando asumimos, con la debida seriedad, la presencia de Cristo en nuestros cónyuges, entonces nos hacemos conscientes de la proximidad divina. Justamente por eso tenemos que tomar en serio a nuestras parejas, por la proximidad de Dios que ellas nos manifiestan. Permanecer indiferentes o negarles el amor que merecen sería no hacer caso a la presencia de Dios que se manifiesta a través de ellas. Es por eso que el texto se ocupa de hablar más de Cristo que del hombre y la mujer; pues Cristo no sólo es paradigmático (modelo de vida) sino paraproxímico (el primero que está al lado) en él y en ella.

Si la esposa reconoce que, en su marido, Cristo está próximo a ella, no tendrá dificultad en sujetarse a él y menos, cuando su esposo la trata como Cristo a la iglesia, es decir, con amor incondicional. Así mismo, al reconocer en su esposa la proximidad de Dios en su vida, el esposo no podrá más que amarla de manera creciente. «La proximidad divina» quiere decir que Dios está próximo a nosotros, es decir, que Dios se hace nuestro prójimo (próximo). Quien está cerca a nosotros es nuestro prójimo y, en ese orden, nuestro primer prójimo es nuestro cónyuge. Si no podemos amar ni respetar a nuestro cónyuge, entonces no lo podremos hacer con ninguna otra persona, ya que en términos de «proximidad» los otros están más alejados. Pero al hacerlo, es decir, al amar y respetar a nuestro cónyuge, también descubrimos a Dios próximo y también lo amamos.

Lutero decía: «Tu esposa es ante todo tu prójimo, y tienes que amar a tu prójimo» (Cassese, 1999:103). En esto consiste la madurez espiritual, en amar a Dios amando al prójimo. Por eso y para quien tiene cónyuge, la espiritualidad comienza en esa relación inmediata; y en esa relación profundamente espiritual es que se experimenta la «proximidad divina» (Emanuel). Como podemos ver, la comunidad comienza a formarse a partir de las relaciones más básicas en las cuales opera el Espíritu Santo.

Jesús denuncia con severidad a las escuelas rabínicas que facilitaban la disolución de relaciones interpersonales tan importantes como el matrimonio, diciendo que solamente a causa de la dureza de corazón se autorizó el divorcio como un paliativo:

> Algunos fariseos se acercaron a Jesús y, para tenderle una trampa, le preguntaron si al esposo le está permitido divorciarse de su esposa. Él les contestó: —¿Qué les mandó a ustedes Moisés? Dijeron: —Moisés permitió divorciarse de la esposa dándole un certificado de divorcio. Entonces Jesús les dijo: —Moisés les dio ese mandato por lo tercos que son ustedes. Pero en el principio de la creación, 'Dios los creó hombre y mujer. Por esto el hombre dejará a su padre y a su madre para unirse a su esposa, y los dos serán como una sola persona.' Así que ya no son dos, sino uno solo. De modo que el hombre no debe separar lo que Dios ha unido.
>
> Cuando ya estaban en casa, los discípulos volvieron a preguntarle sobre este asunto. Jesús les dijo: —El que se divorcia de su esposa y se casa con otra, comete adulterio contra la primera; y si la mujer deja a su esposo y se casa con otro, también comete adulterio (Mc. 10:2-12).

Aunque el divorcio hace legal la separación de los cónyuges, no debemos olvidar que la separación es resultado del pecado. Por lo tanto el divorcio se convierte en un símbolo de pecado, de la misma manera en que el matrimonio lo es de la experiencia de comunidad, de unión. Moisés había permitido el procedimiento del divorcio no como una solución, sino como paliativo, como un «remedio» forzado ante la dureza (de corazón) del pueblo que no se había ejercitado en la disciplina del perdón. Así pues, la práctica del divorcio fue producto de la incapacidad de reconciliarse, de perdonar. Y ahora sabemos que quien no perdona, no sólo se convierte en juez del otro, sino que se asume como perfecto y deja de ver la proximidad divina que se hace concreta en su pareja. El pueblo judío había socavado la unión matrimonial por medio del uso indiscriminado de licencias de divorcio caprichosas e infundadas. Al rechazar el divorcio, Jesús les quiere enseñar que si se tomaran en serio a sus cónyuges, si dignificaran la presencia de Dios en ellos, la separación no tendría razón ni cabida en la pareja.

Relaciones familiares

En torno a las relaciones entre padres e hijos, Pablo también nos informa cómo se manifiesta la dinámica del Espíritu Santo:

Hijos, obedezcan a sus padres como agrada al Señor, porque esto es justo. El primer mandamiento que contiene una promesa es este: «Honra a tu padre y a tu madre, para que seas feliz y vivas una larga vida en la tierra.» Y ustedes, padres, no hagan enojar a sus hijos, sino más bien edúquenlos con la disciplina y la instrucción que quiere el Señor (Ef. 6:1-4).

En la escala de la proximidad, la familia nuclear inmediata es la segunda de las relaciones interpersonales para los padres; en el caso de los hijos, la primera. La proximidad divina también es básica para entender la complejidad e importancia de este tipo específico de relaciones interpersonales. Si en el caso de las relaciones maritales el esposo era un tipo de Cristo y la esposa un tipo de la iglesia, ahora los padres son un tipo de Dios-Padre y los hijos son un tipo de Cristo (Dios-Hijo). Cristo ama a la iglesia y Cristo ama al Padre. Cristo se entregó a sí mismo por amor a la iglesia (v. 25) y en obediencia al Padre (sumisión a su voluntad, Heb. 5:7-9). Entregar a su hijo es un acto de amor universal del Padre (Jn. 3:16) que se hace concreto en la proximidad humana de Cristo, el Salvador. Así mismo, la sujeción, obediencia y respeto con que honramos a Dios, no se puede expresar como algo general e intangible, sino de manera concreta en la persona de nuestros padres, que representan la proximidad de Dios. Al obedecer a nuestros padres, obedecemos concretamente a Dios; y lo mismo sucederá si los desobedecemos (Col. 3:20). Al igual que en el caso de las parejas, el amor a quienes están próximos a nosotros trasciende misteriosamente hasta alcanzar a Dios mismo.

De los padres para los hijos no puede haber tiranía, abuso de autoridad, o imposiciones caprichosas. Por el contrario, debe ser un trato dignificador y siempre amoroso. Quien disciplina sin amor, disciplina para destruir; y quien lo hace con amor siempre lo hace para el bien de sus hijos. De esta manera, los padres transmiten la presencia de Dios. Es a través del carácter de los padres que los hijos descubren el carácter divino.

En una comunidad de cristianos, los problemas generacionales se presentan al igual que en cualquier otro grupo. Sin embargo, la diferencia radica en la manera en que se establecen las relaciones interpersonales, y la clave está en reconocer la proximidad divina en su prójimo. Por eso, como en cualquier otra relación humana, es la relación espiritual, la participación del Espíritu Santo, la que nos guía a reconocer la santidad de la vida y la presencia de Dios en quienes nos rodean. De cierta manera, es así que el Espíritu nos da testimonio, nos evangeliza.

Relaciones productivas o de trabajo

Por último, Pablo comparte con la iglesia en Éfeso sobre la forma de relaciones humanas que implica a los modos de producción.

> Esclavos, obedezcan ustedes a los que aquí en la tierra son sus amos. Háganlo con respeto, temor y sinceridad de corazón, como si estuvieran sirviendo a Cristo. Sírvanles, no solamente cuando ellos los están mirando, para quedar bien con ellos, sino como siervos de Cristo, haciendo sinceramente la voluntad de Dios. Realicen su trabajo de buena gana, como un servicio al Señor y no a los hombres. Pues deben saber que cada uno, sea esclavo o libre, recibirá del Señor según lo que haya hecho de bueno.
>
> Y ustedes, amos, pórtense del mismo modo con sus siervos, sin amenazas. Recuerden que tanto ustedes como ellos están sujetos al Señor que está en el cielo, y que él no hace discriminaciones (Ef. 6:5-9).

En este texto Pablo habla sobre una de las relaciones más conflictivas de la historia humana, sobre todo por el abuso, el egoísmo, y la avaricia que han caracterizado a los dueños de los modos de producción y a quienes son las víctimas de todo ello: los obreros. Aun dentro de este tercer tipo de relación, Cristo sigue siendo el elemento normativo, lo que quiere decir que Cristo debe ocupar el lugar del patrón y del obrero en las relaciones de producción. Esto nos lleva de nuevo al asunto de la proximidad divina en las relaciones humanas, algo que sólo el Espíritu Santo nos hace ver. Aquí Pablo les manda a trabajar como para Cristo. Por el hecho de que ambos están bajo el señorío de Cristo, las relaciones de trabajo deberán ser conducidas de tal forma que se busque el beneficio del otro, como si ese otro fuera Cristo. Si el patrón trata al obrero considerándose como superior o más digno, esto sería hacer «distinción de personas» (v. 9), con lo cual se estaría creando una separación entre ambos (recordemos que la separación es pecado) y junto con ello, menosprecio al señorío de Cristo de quien ambos son subalternos. Por el contrario, al ver la proximidad de Dios el uno en el otro y en medio de la relación humana, es posible dignificarse mutuamente en pleno acto de igualdad.

Las clases sociales donde el rico y el pobre experimentan la separación social son resultado del pecado cometido por unos en contra de otros. Como en el caso del encuentro de Zaqueo con Jesús (Lc. 19:1-10), necesitamos enfatizar que el arrepentimiento ante Dios también conlleva una forma de arrepentimiento que restituye al agraviado (justicia retributiva).

La alienación impera en las relaciones de producción. Negar esto es negar también el estado de pecado. Justamente porque existe el pecado es que se da la alienación que lleva a tratar de dominar a otros semejantes. Por eso, para Pablo «los que cometen injusticias» (es decir, quienes promueven la alienación para quedarse con los beneficios de los trabajadores) «no tendrán parte en el reino de Dios» (1 Co. 6:9). En otras palabras, la existencia de una clase trabajadora que ha sido empobrecida y dominada es producto del pecado. En el reino de Dios (al cual los explotadores no entrarán), no habrá injusticia socio-económica, ni monopolios, ni escalafones, ni clases sociales, ni práctica alguna de la alienación humana; es a saber, del pecado. El pobre no tiene nada, no porque no produzca, sino porque el explotador lo ha separado o privado de ese producto. La pobreza, con su cruda cultura del salario miserable, de mera supervivencia, es fruto del pecado. Los cristianos que vivimos al interior de las sociedades capitalistas desarrolladas necesitamos implementar acciones que combatan este tipo de relaciones producidas por el pecado, que exorcice el espíritu inmundo que domina este sistema y permita que Dios se haga presente por medio de la justicia. La justicia es el amor en una dimensión colectiva y que se opone, o combate, al pecado social.

La llenura con el Espíritu Santo se expresa siempre en relaciones nuevas y saludables. Muchas veces la llenura con el Espíritu Santo se entiende como un evento puntual interno, y efervescente, cuando en realidad es *un proceso continuo con implicaciones externas*.

Precisamente por el hecho de que el Espíritu Santo nos lleva a vivir en relaciones profundas y maduras, es que debemos entender la llenura con el Espíritu Santo como un proceso centrífugo que crea comunión y comunidad. A través de los tres tipos de relación que ya examinamos, la persona se humaniza y descubre lo divino dentro de esas experiencias de relación humana. Es decir, que descubre que el matrimonio, la familia y el trabajo son dinámicas sagradas que lo llevan a la plenitud de la vida.

El fruto del Espíritu Santo

Un fruto es algo que existe para ser consumido por alguien más. Ese otro se alimenta y beneficia de la existencia del fruto. El Espíritu, dentro de la comunidad cristiana, nos hace fructificar para el consumo y beneficio de los demás. Los frutos sirven para alimentarnos. No podríamos subsistir sin participar de los frutos que nos dan vida. Por lo tanto, ¿cómo se podría mantener viva una comunidad de fe sin los frutos espirituales? Como cristianos viviendo en comunidad, estamos llamados a dar nuestro fruto para que quienes están a nuestro lado puedan beneficiarse de lo que Dios les provee a través de nosotros. Ahora bien, lo interesante de la dinámica de los frutos del Espíritu Santo en y por medio de nuestra vida, es la doble relación que plantea, es decir, la interdependencia.

> Yo soy la Vid verdadera, y mi Padre es el que la cultiva. Si una de mis ramas no da uvas, la corta; pero si da uvas, la poda y la limpia, para que dé más. Ustedes ya están limpios por las palabras que les he dicho. Sigan unidos a mí, como yo sigo unido a ustedes. Una rama no puede dar uvas de sí misma, si no está unida a la vid; de igual manera, ustedes no pueden dar fruto, si no permanecen unidos a mí. Yo soy la vid, y ustedes son las ramas. (Jn. 15:1-5a)

La proximidad divina que se manifiesta en la dinámica de los frutos del Espíritu Santo no deriva sólo del hecho de que los frutos tienen su origen en Dios, aunque esa es tal vez la implicación inmediata. También en ella podemos reconocer en nuestro hermano o hermana un canal de enlace con Dios, pues en el fruto que nos ofrece nuestro hermano, vemos la materialización del amor divino. Ese fruto que nos ofrecemos mutuamente nos recuerda que estamos unidos a Cristo (él es la fuente del fruto). Al mismo tiempo, al llevar frutos, nosotros glorificamos al Padre; así pues, nuestro fruto que le da vida al hermano (porque viene de Dios) al mismo tiempo también es ofrenda a Dios.

¿Qué nos enseña esto? Que al acercarnos a nuestros hermanos en la fe para beneficiarlos con lo que Dios ha suplido a través de nosotros, también damos culto a Dios; es decir, nuestra espiritualidad se hace realidad al interactuar con nuestros semejantes, y por eso, al amarnos los unos a los otros, cumplimos el mandamiento (v. 12). También nos enseña que el amor es el fruto que Dios espera producir en nosotros; así que el amor, como esencia divina, es transmitido a través de los frutos espirituales, y así se asegura la construcción de la comunidad cristiana. Por esta razón no podemos amarnos sólo con palabras, sino «con hechos y en verdad». Esto quiere decir que los frutos —aunque espirituales— también tienen una expresión concreta, al igual que Cristo se hizo carne siendo Espíritu. Así pues, en el ágape comunitario (profunda relación de amor entre cristianos) somos edificados integral y colectivamente.

En su carta a los Gálatas, como en la que envía a los Efesios, Pablo relaciona la dinámica de los frutos espirituales con la edificación del amor (ágape) entre los hermanos. Esto es de suma importancia para poder entender esta manifestación espiritual en el contexto del plan cósmico de Dios. Como sabemos, el pecado es separación, por lo que todos los frutos del pecado llevan a la fragmentación de las relaciones humanas en todos los niveles (interpersonal o social). Estas son las palabras que Pablo usa en su carta a los Gálatas:

> Ustedes, hermanos, han sido llamados a la libertad. Pero no usen esta libertad para dar rienda suelta a sus instintos. Más bien sírvanse los unos a los otros por amor. Porque toda la ley se resume en este solo mandato: «Ama a tu prójimo como a ti mismo.» Tengan cuidado, porque si ustedes se muerden y se comen unos a otros, llegaran a destruirse entre ustedes mismos.
>
> Por lo tanto, digo: Vivan según el Espíritu, y no busquen satisfacer sus propios malos deseos. Porque los malos deseos están en contra del Espíritu, y el Espíritu está en contra de los malos

deseos. El uno está en contra de los otros, y por eso ustedes no pueden hacer lo que quisieran. Pero si el Espíritu los guía, entonces ya no estarán sometidos a la ley.

Es fácil ver lo que hacen quienes siguen los malos deseos: cometen inmoralidades sexuales, hacen cosas impuras y viciosas, adoran ídolos y practican la brujería. Mantienen odios, discordias y celos. Se enojan fácilmente, causan rivalidades, divisiones y partidismos. Son envidiosos, borrachos, glotones y otras cosas parecidas. Les advierto a ustedes, como ya antes lo he hecho, que los que así se portan no tendrán parte en el reino de Dios (Gl. 5:13-21).

En este texto las «obras de la carne» están obviamente contrastadas con el «fruto del espíritu». En este caso «carne» no tiene que ver meramente con lo físico, sino con lo que viene de la naturaleza caída que impera en el ser humano, lo cual es el pecado (separación). Quienes están separados de Dios se conducen de tal forma que todo lo que hacen promueve, de una u otra forma, la separación entre y con los demás. En contraposición, los frutos del Espíritu se manifiestan en y a través de nuestra vida, promoviendo la unidad, creando el espacio para el ágape. ¿Por qué quienes promueven la división entre personas y grupos no pueden participar del reino de los cielos? Precisamente porque el reino de los cielos es la comunidad perfecta nutrida por el amor divino. El reino de Dios es la sociedad o estado de los que viven en reconciliación y ágape:

> En cambio, lo que el Espíritu produce es amor, alegría, paz, paciencia, amabilidad, bondad, fidelidad, humildad y dominio propio. Contra tales cosas no hay ley. Y los que son de Cristo Jesús, ya han crucificado la naturaleza del hombre pecador junto con sus pasiones y malos deseos. Si ahora vivimos por el Espíritu, dejemos también que el Espíritu nos guíe.
> No seamos orgullosos, ni sembremos rivalidades y envidias entre nosotros (Gl. 5:22-26).

Es importante enfatizar que lo que el texto bíblico presenta es que el fruto del Espíritu es el amor, y todo lo demás son manifestaciones del amor. El Espíritu de Dios es amor. El Espíritu se da a sí mismo a través de nosotros, y una vez que el Espíritu Santo (el amor) mora en nosotros, entonces encarnamos la presencia del amor a través de diversas manifestaciones: gozo, paz, paciencia, benignidad, y otras más (Gl. 5:22-23). En otras palabras, Dios le sale al encuentro al ser humano a través de esas manifestaciones.

El fruto del Espíritu Santo, al igual que los dones del Espíritu y los sacramentos, no existen al margen de la comunidad de fe, ni tienen otro objetivo que la construcción de ella. La ley existe para refrenar la tendencia egoísta y privatizadora del ser humano pecador, para orientarnos a la justicia y al amor. Ahora, quienes andamos en el Espíritu por la gracia reconciliadora de Dios no necesitamos la muleta de la ley para crear comunidades de respeto, justicia y amor. El Espíritu mismo nos ha hecho libres para amar, es decir, para dar lo mejor de nosotros, para beneficiar a los demás, «Porque toda la ley se resume en este solo mandato: 'Ama a tu prójimo como a ti mismo'» (v. 14).

Una ilustración pertinente la ofrece el clásico infantil «La Bella y la Bestia» (*Beauty and the Beast*). En él, un príncipe es convertido en bestia por medio del hechizo de una bruja ofendida porque el príncipe se negó a ayudarla. El conjuro declaraba que, a causa de su incapacidad de amar, el príncipe permanecería en su condición de bestia hasta tanto lograra amar y ser amado verdaderamente. Esto ilumina lo que sucede cuando nos negamos a amar: de alguna manera nos transformamos en bestias, en seres deformes. Al negarnos a amar, lo peor de nuestra naturaleza sale a la superficie. En cambio, bajo la dirección del Espíritu (el amor) podemos reflejar la belleza de Dios.

Los dones del Espíritu

La presencia del Espíritu Santo en quienes han aceptado y viven en compromiso con Cristo viene siempre acompañada de esas capacidades que Dios nos da para contribuir al fortalecimiento de la comunidad. Al igual que los sacramentos, los dones del Espíritu Santo sólo tienen significado y utilidad en el contexto de una comunidad; es decir, los dones del Espíritu presuponen una comunidad de fe.

Los dones nos han sido dados por el Espíritu Santo, no para nuestro uso o beneficio personal, sino para el desarrollo de la fe de nuestros hermanos y hermanas. Por lo tanto, los dones son siempre de carácter comunitario y de ayuda para la comunidad de fe, ya que por medio de las habilidades espirituales que tiene un miembro dado de la comunidad, otros pueden beneficiarse de la provisión divina para su pueblo. Los dones nos enseñan que todos necesitamos de todos; por lo que limitar o impedir nuestra contribución de los talentos de servicio a la comunidad es un atentado contra la vida de la propia comunidad. Ninguno de los dones espirituales benefician a la persona en que se manifiestan. Por sí mismo, esto nos indica que los dones son algo en nosotros que les pertenece a los demás, y por eso, estamos completamente unidos por el Espíritu Santo en un solo cuerpo.

Cuando Pablo advierte a la congregación de Corinto sobre el uso y abuso de los dones, deja claro que: «a cada uno le es dada una manifestación especial del Espíritu para el bien de los demás» (1 Co. 12:7, NVI), y más adelante, hablando en el contexto de la comunidad de fe como cuerpo de Cristo, dice:

> Los [miembros] más presentables no requieren trato especial. Así Dios ha dispuesto los miembros de nuestro cuerpo, dando mayor honra a los que menos tenían, a fin de que no haya división en el cuerpo, sino que sus miembros se preocupen por igual unos por otros. Si uno de los miembros sufre, los demás comparten su sufrimiento; y si uno de ellos recibe honor, los demás se alegran con él (1 Co 12:24-26, NVI).

Así pues, si los dones espirituales no son utilizados para el beneficio del otro (para la edificación del cuerpo de Cristo), entonces su uso podría resultar en un caos, pues sólo se estaría ejerciendo una función espiritual para lograr prestigio, poder y vanagloria (para beneficio propio, produciendo separación). Toda la experiencia de la congregación de Corinto ilustra la situación de una comunidad saturada con dones espirituales y, a pesar de ello, fragmentada en sus relaciones interpersonales. Al desvirtuar el uso de los dones, es decir, al utilizarlos como arma para destruirnos, en vez de herramientas para edificarnos, convertimos a los dones en herramientas con las que construimos la anti-comunidad. Si el liderazgo de la comunidad no es maduro espiritual y emocionalmente, las manifestaciones espirituales pueden producir celos, envidias y ser vistas como un atentado a la autoridad (Nm. 11:28-29).

Los deseos egoístas (carnales) de muchos de los miembros de la iglesia de Corinto los llevaron a hacer uso de la provisión divina de una manera equivocada. Esto solamente reflejaba su inmadurez espiritual. Pablo los exhorta fuertemente y luego les dice:

Si hablo las lenguas de los hombres y aun de los ángeles, pero no tengo amor, no soy más que un metal que resuena o un platillo que hace ruido. Y si tengo el don de profecía, y entiendo todos los designios secretos de Dios, y sé todas las cosas, y si tengo la fe necesaria para mover montañas, pero no tengo amor, no soy nada. Y si reparto entre los pobres todo lo que poseo, y aun si entrego mi propio cuerpo para tener de qué enorgullecerme, pero no tengo amor, de nada me sirve (1 Co. 13:1-3).

Los dones no tienen sentido alguno si no es para utilizarlos en beneficio del otro. El uso amoroso de los dones edifica las relaciones humanas, fortalece la experiencia de fe, crea comunidad y cumple el objetivo de los dones espirituales. Por medio de los dones Dios nos enseña a canalizar el amor a través del servicio. Lo que es más, servir a los otros es amarlos; esa es la marca del cristianismo verdadero. Con los dones Dios nos capacita para servir, es decir, para amar. La madurez espiritual consiste en poder hacerlo todo por amor. Cuando ese no es el resultado del uso de los dones, con toda certeza sabremos que hemos hecho un uso equivocado de ellos, ya que nuestros dones siempre deben unirnos a nuestros hermanos.

Los dones siempre deben ser vistos como herramientas con las cuales Dios nos ha provisto para construir comunidad. El trabajo humano es propiedad colectiva, y mucho más el trabajo que hacemos mediante el uso de las herramientas que el Creador nos ha dado para unirnos y fortalecernos. El ejercicio correcto de los dones es una práctica liberadora y que se opone a la estratificación social que es ocasionada por la privatización del trabajo humano porque esto es contrario al modo de actuar del Espíritu. El Espíritu Santo no actúa para que podamos conseguir mezquinos beneficios personales, sino para reconocer que el trabajo humano debe beneficiarnos a todos, de la misma manera en que el Espíritu nos favorece a todos por medio de su trabajo.

Nadie puede tener un monopolio de los dones. Es el Espíritu que reparte los dones en la comunidad de tal manera que todos puedan permanecer interconectados. Esa dependencia nos hace entender la dinámica de ser un cuerpo. Necesitamos los dones de los demás y los demás necesitan de los nuestros; nos necesitamos mutuamente. Cuando privamos a nuestros hermanos de lo que Dios nos dio para compartir con ellos, estamos destruyendo el objetivo comunitario del Espíritu Santo, estamos pensando en nosotros mismo solamente, y estamos haciendo de los dones un privilegio, una posición, y un rango; y no como herramientas para el servicio y el bienestar de los demás que es su objetivo esencial.

Resumen

Este capítulo hizo posible examinar la doctrina del Espíritu Santo (pneumatología) desde la perspectiva de las relaciones humanas. Como nos habremos dado cuenta, la actividad del Espíritu Santo en el cristianismo está dirigida fundamentalmente a transformar la forma de relacionarnos.

Vivir en el Espíritu es sinónimo de vivir en relaciones nuevas, maduras y responsables. Desde esta perspectiva se puede ver con claridad como la función del Espíritu es la de promover un nuevo orden de relaciones. La vida humana consiste en y es el conjunto de relaciones que la forman. Es por eso que, al crear nueva vida, el Espíritu de Dios nos capacita para anticipar el reino de Dios expresándolo por medio de una nueva forma de relación.

En el próximo capítulo veremos el rol que tienen los sacramentos en el proceso de re-crear la comunión y la comunidad.

6. Comunidad, comunión y sacramentos

La mayor verdad de nuestra fe,
el mayor mandamiento de nuestra
religión,
la más alta novedad del evangelio
es que la caridad fraterna
se ha hecho una caridad teologal,
que el prójimo es Dios
colocado al alcance de vuestro amor,
para que podáis experimentar,
por vosotros mismos si lo que sentís
por él
son únicamente nostalgias,
sueños sentimentales, vapores de
humo,
o si le tenéis un amor sincero y
afectivo,
una mera «devoción» o una entrega...

Louis Evely

Hemos escuchado decir que la iglesia vive en torno a la Palabra y los sacramentos, y que éstos son «medios de gracia». Pero ¿qué significa todo esto en términos de nuestra espiritualidad cotidiana? La Palabra y los sacramentos son instrumentos utilizados por el Espíritu Santo para nutrir el crecimiento en fe y amor de la comunidad cristiana. De hecho, los sacramentos son una forma a través de la cual Dios, como «palabra creadora», se acerca a nosotros. La gran realidad de los sacramentos consiste en que toda la dinámica sacramental es una experiencia de relación, porque en ellos convergen lo humano y lo divino en plena participación. En ellos, por fe recibimos a Cristo, quien en la promesa es la gracia revelada y compartida. Esta gracia es siempre encarnacional, por lo que puede ser localizada concretamente en la historia. Dicho de otra forma, la Palabra y los sacramentos son ese lugar histórico concreto donde Cristo puede ser encontrado realmente (Cristo es la palabra de Dios y el sacramento de Dios). Por medio del Espíritu Santo, Cristo es revelado y compartido en la promesa.

Los sacramentos resultan de la unión de la palabra viva con una señal o signo externo (lo trascendente y lo histórico). Este signo, sin la promesa que trae la palabra, no es un sacramento. Los signos externos del bautismo y la cena del Señor llegan a ser sacramentos por haber sido establecidos por Dios, y porque en ellos, la promesa de la palabra viva (el perdón de nuestros pecados) se hace presente. En este sentido tales signos son la garantía y sello de la promesa del perdón, de la aceptación. No se puede tener fe sin promesa, y la promesa no puede ser aprovechada a menos que se crea.

La aceptación del perdón (la salvación) es la promesa de los sacramentos; pero sin fe, los sacramentos no pueden beneficiarnos. La fe es rendimiento total ante la gracia divina. Cuando creemos en el regalo (la promesa de quien nos perdona y acepta), nos convertimos en fuente de promesa para otros. El Cristo vivo es en sí mismo el regalo que provee la gracia y por eso solamente es posible aceptarlo por medio de la fe. Si los sacramentos (medios de gracia) no se reciben en fe, lo que se espera recibir de ellos no es a Cristo, sino algún tipo de poder mágico, que no proviene de Dios.

Si la promesa es el contenido de los sacramentos, y la fe lo que los hace efectivos (Prenter, 1953:139), nuestra misión es recordar continuamente nuestra identidad cristiana. El sacramento nos proporciona exactamente aquello que nos pide compartir con otros. Por eso, recibir el sacramento es siempre un pacto de servicio. Recibir el sacramento en fe lleva a compartir lo recibido en amor. Cristo —como creía Lutero— es el sacramento perfecto. Su encarnación es el signo real que confirma la promesa. Aceptar a Cristo en fe es aceptar compartirlo en amor. Así pues, «Fe y amor no son dos cosas completamente separadas, sino dos formas de hablar de la orientación que debemos tener hacia Dios y el prójimo» (Aller 1984:74).

En los sacramentos, el orden espiritual y trascendente que no podemos ver nos es transferido a través de signos visibles, y de esta manera el mundo físico puede llegar a ser «vehículo transparente» de la presencia y actividad divina. En otras palabras, «los sacramentos pueden ser el amor de Dios hecho visible» (White, 1992:13).

Los sacramentos son la acción amorosa de Dios encarnada en la historia; así que, si no podemos entender el principio encarnacional, entonces tampoco podemos explicar el propósito de los sacramentos. Toda la dinámica de éstos radica en la experiencia de la encarnación. Jesús, el *logos* eterno, se encarna para reconciliarnos. Por eso en el bautismo llega a nosotros por medio de su Espíritu y en la comunión eucarística a través de los elementos. Al utilizar estas mediaciones, Dios nos sale al paso con su presencia y, de esta manera, penetra todo lo creado: «Ya que Cristo es quien lleva todas las cosas a su plenitud» (Ef. 1:23). Que Dios se ha encarnado es la mejor manera de entender lo que es la iglesia y lo que es el reino de Dios.

Cristo no puede estar separado de su cuerpo, así que para estar realmente presente entre nosotros lo hace de manera concreta en los elementos eucarísticos. Negar la presencia real de Cristo en los signos externos es negar la encarnación y, por lo tanto, la sacramentalidad de la vida toda. Esta sacramentalidad cotidiana consiste precisamente en darle paso a lo trascendente dentro de lo inmanente (Boff, 1995:37), en permitirle a Dios llevar a cabo su reconciliación con lo creado a través de nosotros. De la misma manera, sacramento es todo aquello que revela el amor y la cercanía de Dios. En el sacramento no hay lugar para abstracciones ni dualismos, pues en él hay una total conjugación entre Dios y lo creado. Y es así que el sacramento existe como anticipo de la nueva creación.

Como hemos venido diciendo, el sacramento es el lugar donde se integran y participan tres elementos: el mundo creado, Dios y los individuos, como un anticipo de la comunidad escatológica plena, que es el reino de Dios, y hacia el cual se mueve la historia. En ese mismo sentido la iglesia, en su condición de cuerpo de Cristo, es sacramento de Cristo, y por lo tanto también anticipo de su reino escatológico. De esta forma, la comunidad de fe donde Cristo —la palabra del Padre encarnada— está verdaderamente presente es el sacramento «fundamental» (Rahner, 1963:18), y en el cual también tienen sentido los otros sacramentos. Sin la existencia de la comunidad de fe los sacramentos son superfluos, pues la práctica de los sacramentos es una experiencia de una comunidad que ejerce la fe. Sin fe es imposible constituir la comunidad de Cristo y sin comunidad no hay sacramentos.

Tenemos, entonces, que la fe y la comunidad son dos elementos indispensables para que el sacramento cumpla su propósito. La fe es la aceptación de la promesa, y la comunidad de fe es nutrida por y es recipiente de lo prometido. Por tanto, en esta comunidad de fe hay una actitud activa hacia el sacramento, es decir, una «receptividad radical» (Braaten, 1983:91). No se trata de esperar pasivamente que el sacramento traiga por sí mismo un beneficio debido a la unión del signo con la palabra (*ex opere operato*), sino que se hace necesaria una unión más: la unión a la fe de la comunidad que acepta y espera la promesa. Esa fe no es un mérito humano, pues es obra del Espíritu Santo.

El sacramento es un asunto de comunidad. El reino de Dios es el cumplimiento definitivo de la promesa divina y, por lo tanto, el reino de Dios es en sí mismo la comunidad sacramental perfecta. Esto quiere decir que cuando la comunidad de fe celebra la promesa escatológica (perdón de pecados, la muerte y la resurrección) en los sacramentos, también afirma y se compromete a hacer de esta promesa el contenido de su misión en el aquí y ahora. Sólo así la iglesia puede ser signo del reino de Dios. El uso correcto de los sacramentos siempre se revierte en misión. Para ilustrar esto podemos decir que la celebración de los sacramentos es como la actividad de los «tres mosqueteros». Cada vez que los mosqueteros se reúnen a cumplir su misión, se repiten el uno al otro su propio credo: «Todos para uno y uno para todos.» Declaran esto mientras sus espadas se entrecruzan como signo visible de unidad y compromiso mutuo, y luego salen a luchar por lo que creen es justo. De manera similar, la comunidad de fe se une para confesar lo que cree, para comprometerse en torno a un signo visible, y así prepararse en solidaridad para la misión.

Cuando participamos de los sacramentos, no solamente tomamos en serio a Dios, sino también su mundo; este mundo que creó para dejarse ver y hacerse uno con nosotros. A Dios no lo ha visto nadie. Lo conocemos únicamente cuando conocemos a Cristo, que es Dios encarnado, Dios hecho humano. Al unirnos con Cristo nos hacemos un cuerpo con él, y comenzamos a amar la humanidad a la que él ama. Dios vino a encarnarse en este su mundo para, con su amor, comenzar el cielo aquí en la tierra.

Los sacramentos integran lo humano y lo divino, y la experiencia sacramental nos lleva a esa misma integración o convergencia. Sólo en esa común-unión que proveen los sacramentos podemos humanizarnos y divinizarnos al mismo tiempo. Juan Calvino aseguraba que: «... nos encomienda que comamos su carne; una cosa mucho más alta y mucho más sublime: conviene, a saber, que somos vivificados por la verdadera participación que Él nos da de sí» (cf. Irwin, 1981:107).

Recordar nuestro bautismo

Todo dentro de la fe cristiana nos lleva a recordar y afirmar nuestro bautismo. El bautismo es el punto de partida de la vida nueva en Cristo. Recordar continuamente nuestro bautismo nos permite actualizar la experiencia básica cristiana que nunca llega a ser cosa del pasado. A diferencia de otros sistemas religiosos, donde la iniciación es un acto puntual, superado y nunca más repetido, en el cristianismo se vive continuamente en la iniciación. Cada día volvemos a nuestra iniciación y con ella a lo más rudimentario y elemental de nuestra relación con Dios: la cruz.

Tertuliano, junto a otros Padres de la iglesia, estuvo entre los que comenzaron a llamar al bautismo *sacramentum*. Dentro de las fuerzas militares del imperio romano un *sacramentum* era el voto inviolable que un soldado hacía en su iniciación; de ahí proviene el sentido original de los sacramentos cristianos. Así, los sacramentos terminan por ser un pacto cuya intención es entrar en comunión con Dios, y que sujeta a la comunidad cristiana al señorío de Jesucristo. Esa comunión es el inicio de lo que Dios en Cristo quiere hacer con todo el cosmos: «Reunir todas las cosas en Cristo» (Ef. 1:10a, RV).

Además, volver a nuestro bautismo nos recuerda que gracias a él fuimos recibidos como parte de la iglesia, como parte del cuerpo de Cristo. Así que recordar nuestro bautismo es reconocernos como parte de un cuerpo, sabernos comunidad y admitir que solos no podemos vivir la fe. Siendo parte de la comunidad de los bautizados es que aprendemos a vivir nuestra fe de frente a nuestros hermanos, y así nos hacemos responsables los unos de los otros.

En alguna ocasión Freud se refirió a los cristianos como «mal bautizados» (cf. Segundo, 1983:20). Su intención al usar esta frase era denunciar la disociación entre el rito y sus implicaciones. Nuestra ideologización del bautismo puede deformar nuestra manera de entenderlo, asumirlo y practicarlo; incluso puede llegar a tal grado que lo despoje de la misión y desafío que nos propone, y hagamos a un lado sus implicaciones éticas.

Para resaltar las posibles implicaciones del «bautismo de agua», en la comunidad primitiva también se hablaba del «bautismo de sangre», ya que la fidelidad a Cristo y a la comunidad podía llevar hasta el martirio. A través del bautismo nos convertimos en «propiedad de Cristo» (Bonhoeffer, 1995:153), porque el llamado a seguir a Cristo se acepta concretamente en el bautismo. A partir de esto, la cruz forma parte del diario vivir. En otras palabras, en el bautismo nos hacemos propiedad de Cristo y en la cruz propiedad de nuestro prójimo. «Nuestra cruz, a la que somos llamados, es la muerte diaria en la fuerza de la muerte de Cristo. Así el bautismo es nuestra aceptación de la comunidad que lleva la cruz de Cristo» (Ro. 6:3; Col. 2:12; Ibid., 55).

En el bautismo también participamos de la muerte de Cristo. Por eso, la cruz es parte de ese seguimiento de la fe. Solamente cuando muere lo viejo en nosotros es que podemos nacer a lo nuevo, es decir, apropiarnos de la promesa escatológica de la resurrección. Recordamos nuestro bautismo para recordar el sufrimiento humano en el sufrimiento de Cristo. Lutero decía que «a Dios sólo le conocemos en el sufrimiento». Esto se debe fundamentalmente a que no nos es posible mirar la cruz «como una realidad objetiva en Cristo sin al mismo tiempo reconocernos a nosotros mismos como crucificados con Cristo» (Althaus, 1995:28). El bautismo, pues, nos enseña el valor de la cruz. Por fe aceptamos nuestra cruz no para martirizarnos en ella, sino para día a día aprender con el Maestro a convertirla en instrumento de amor al prójimo. Como lo dijera Evely, «La alegría de Dios brota del mayor sufrimiento: da su vida por los demás» (Evely, 1980:18). Por amor, Dios se hace vulnerable en la cruz. En la cruz Dios se muestra como el amor más profundo para que podamos conocerlo plenamente. En el sufrimiento, Dios se ha revelado por dentro: «Dios será siempre más débil que nosotros, porque nos ama más» (Ibid. 23).

En el bautismo, nuestra vida también recibe una cualidad escatológica. No es solamente un volver a la cruz o andar a diario con ella, sino también afirmarse en la esperanza de una resurrección futura. El bautismo nos invita a visualizar un mundo nuevo pero no para solamete extasiarnos en esa visión, sino para involucrarnos en ese proyecto viviendo en novedad de vida continua.

Como se habrá podido notar, el bautismo forma comunión y comunidad al mismo tiempo. Nos hace parte de una comunidad que es simultáneamente divina e histórica. El bautismo nos conecta con Dios y con nuestros hermanos.

Presencia real–Comunión real

El sentido sacramental de la relación de Dios con su pueblo se puede notar desde el Antiguo Testamento. Pablo interpreta el bautismo como la verdadera circuncisión (Col. 2:11-12). Coincide con Pedro en que Dios hizo pueblo suyo a Israel por medio del bautismo cuando ellos creyeron en la promesa (1 Co. 10:1-2; 1 P. 3:20-21). Esto quiere decir que en el Nuevo Testamento los grandes eventos de salvación de Israel son interpretados sacramentalmente.

El tabernáculo —construido por el pueblo y Moisés— era señal de la «presencia real» de Dios entre su pueblo. Dicho tabernáculo era ubicable y concreto porque en su interior contenía símbolos del carácter perdonador de Yahvé. Aquel tabernáculo ya prefiguraba el perdón que Cristo lograría con su muerte y resurrección. La presencia real de Dios y la promesa del perdón siempre fueron identificadas con el tabernáculo, y luego con el lugar santísimo en el templo. De esta manera la experiencia de fe hebrea giraba en torno a la ley y al tabernáculo. La ley (espiritual) contenía la promesa; y el tabernáculo (físico) contenía la presencia concreta (real) de Dios en tiempo y espacio. Hoy entendemos que la unión de la promesa (contenida en la Palabra) y el elemento físico forman un sacramento. Así pues, creemos que tanto la promesa (Palabra=*logos* hecho carne) como el elemento físico (templo, pan y vino) son Cristo mismo. Cuando Juan describe la encarnación, la llama «tabernaculización» y Jesús mismo llama a su cuerpo «este templo».

Ahora bien, si aquel templo en forma prefigurada ya señalaba la presencia real de Dios (que era la garantía de la promesa contenida en la Palabra), ahora Dios, por medio de Cristo, ha sacramentalizado toda la existencia humana, no sólo un espacio definido. El nuevo pacto de Dios consistía, según Jeremías (Jer. 31:32-33), en dar la ley en los corazones, no ya como una prescripción religiosa externa, sino como una experiencia interna donde la persona humana misma sería recipiente de su palabra. Cristo es esa «palabra viva» derramada por el Espíritu Santo en los corazones, y el Espíritu Santo es Cristo mismo habitando en los corazones de los fieles (2 Co. 3:17; Ro. 8:9-11,14; Ef. 3:10). Esto explica por qué los creyentes son «templos del Espíritu Santo» (1 Co. 6:19-20). Así, toda nuestra existencia llega a ser una maravillosa experiencia sacramental: somos templos (físicos) que, al interior, contenemos la palabra (promesa). Ya no buscamos la promesa, pues ahora Cristo está en nosotros. Ya no buscamos el «lugar santísimo», pues ahora somos el lugar santísimo.

En la Santa Cena, o *eucaristía*, no buscamos solamente la presencia real que ya tenemos de una manera inmanente. Más bien ahora celebramos la presencia real de Cristo, en todo momento cuando reconocemos a nuestro hermano como el lugar santísimo donde mora la presencia de Cristo. Cristo está tan presente en los elementos de la Santa Cena (aunque de manera diferente), como lo está en la vida de nuestros hermanos que son el templo del Espíritu Santo.

¿Qué significa la *eucaristía*, o Santa Cena, para la comunidad? Para la comunidad que busca ser fiel y honesta ante Dios, la eucaristía es el lugar de encuentro con el otro, con el prójimo. Es una invitación a religarse con nuestros hermanos y hermanas en la fe. ¿Qué significa, entonces, tomar el pan y la copa indignamente? En primer lugar, Pablo asegura que quien así lo hace comete pecado, pero no cualquier clase de pecado, sino uno «contra el cuerpo y la sangre del Señor» (1 Co. 11:27). Por el hecho de ser «el cuerpo de Cristo», mis hermanos y hermanas son sagrados, así que no tomarlos en serio es despreciar el cuerpo y la sangre de Cristo. Por eso, no debe haber cena sin previa confesión de nuestras faltas contra los miembros de la comunidad. Tomarnos en serio a Dios es también tomarnos en serio al hermano. ¿Es que acaso podemos tomar en serio el cuerpo y la presencia real de Cristo, cuando no tomamos en serio a nuestros hermanos que son miembros reales del cuerpo de Cristo? Si no tomamos en serio a nuestro hermano «a quien vemos», no podemos tomar en serio a Dios «a quien no podemos ver» (1 Jn.). ¿Dónde está el cuerpo de Cristo en la eucaristía? No sólo está en, con, bajo y/o a la diestra del Padre, sino también a nuestro lado en la comunión que tenemos con nuestro hermano. Cristo y, de hecho, la Trinidad comulgan junto con nosotros y en quien está a nuestro lado. ¡Y esto es apenas un adelanto del «gran banquete escatológico» (en el futuro)!

Pablo dice: «Por tanto, cada uno debe examinar su propia conciencia antes de comer del pan y beber de la copa». Pero ¿qué significa discernir el cuerpo de Cristo? Sería mejor creer que significa «examinarnos a nosotros mismos». Reflexionar en nuestras intenciones, pensamientos y conducta también significa discernir el cuerpo de Cristo. Es decir, esto está relacionado al asunto de las relaciones interpersonales, que en el caso específico de la iglesia de Corinto tenía que ver con maltrato (v. 17), con divisiones al interior de la comunidad (v. 18), con que no se esperaban para comer juntos (v. 21), que algunos no dejaban comida para otros miembros (v. 21), que unos se emborrachaban prematuramente (v. 21) y ponían en vergüenza a los que no tenían nada (v. 22). Según Pablo, la conducta individualista de ciertos miembros de la comunidad hacía que aquel acto ya no fuera la Cena del Señor. Es decir, esas actitudes destruían la presencia real de Cristo en este acto. Dice Pablo: «La cena que ustedes toman en sus reuniones ya no es realmente la Cena del Señor» (v. 20). Sin comunidad el sacramento queda invalidado, por la sencilla razón de que el beneficio sacramental no opera en unos miembros a costo de otros, sino que es un signo para todos: para que todos seamos uno en él.

El que «come y bebe sin fijarse en que se trata del cuerpo del Señor, para su propio castigo come y bebe» (v. 29). Y para así lo hace, la consecuencia es la enfermedad, debilidad y muerte (v. 30). ¿Pueden acaso el pan y el vino convertirse en veneno cuando los tomamos indignamente? No, lo que en realidad afecta es no haber confesado nuestros pecados a quienes hemos agraviado y, por consecuencia, no haber recibido de ellos el perdón. El pecado nos separa. El pecado no confesado nos mantiene distantes, indiferentes y excomulgados de nuestros hermanos. Ese pecado no confesado nos separa de la comunidad y nos enferma, debilita y mata, porque finalmete «el fruto del pecado es muerte». Es cierto que

Dios nos disciplina, pero no lo hará «envenenándonos» con el pan y el vino. La corrección de Dios siempre tiene un objetivo restaurador; no como en el caso del pecado, que destruye. Por eso Pablo dice: «Aunque si el Señor nos castiga es para que aprendamos y no seamos condenados con los que son del mundo» (v. 32).

No hay auténtica comunión con Dios si no existe una auténtica comunidad en la iglesia, en la comunidad de creyentes. En ausencia de la comunidad no podemos estar auténticamente con Dios y sin ellos no existimos como iglesia. La pérdida de las relaciones entre los miembros es en sí misma el extravío de nuestra comunión con Dios. Dice San Agustín: «Resulta extraño cuando te piso en el pie, es tu lengua la que grita. ¡Si no le he hecho nada a tu lengua! Si lo único que he hecho ha sido pisarte en el pie... Pues bien el día del juicio final la cabeza nos reprochará todo el daño que les hemos estado haciendo a sus miembros» (cf. Evely, 1077:93).

La última noche que Jesús pasó con sus discípulos e instituye la eucaristía, también advierte que uno de ellos lo va a traicionar; es decir, hay uno entre ellos que no se está tomando en serio el «Nuevo Pacto». Tomar en serio el pacto de la Comunión es discernir el cuerpo visible de Cristo, la hermandad. El que traiciona es aquel que piensa sólo en él, es todo aquel que solamente busca su propio beneficio.

Un nuevo pacto

La eucaristía es, en esencia, «un nuevo pacto» que la comunidad hace. En el bautismo la comunidad se compromete a servir de ejemplo y de apoyo en la fe del nuevo miembro. En la cena del Señor nos comprometemos a tomarnos en serio y a dignificar la presencia y la vida de nuestros hermanos y hermanas con quienes somos hechos parte del mismo cuerpo por medio del bautismo (1 Co. 12:12-13). Es decir, aceptar la presencia real de Cristo implica aceptar la presencia real de mis hermanos.

Ese pacto nos recuerda lo que dice Éxodo 24:8 y Jeremías 31:31-34. En el monte Sinaí, Moisés roció sangre de animales sacrificados al pueblo, diciendo: «sangre del pacto que el Señor ha hecho a ustedes». Cristo provee la sangre para el nuevo pacto que, según Jeremías, es un pacto de perdón, un pacto de vida. El que imparte perdón opta por la vida y se energiza para seguir viviendo. Optar por Dios es al mismo tiempo optar por el que vive a mi lado. Ese es el pacto de la vida que celebramos en la comunión, que Cristo nos ha perdonado para poder perdonarnos y, al hacerlo, recibir la grandeza del amor divino y su proximidad en quienes hemos perdonado y en quienes nos perdonan.

Estamos unidos a Dios por una alianza de perdón, la misma que nos une a nuestros hermanos. Nuestras faltas ya no podrán quitarle a Dios el deseo de amarnos y perdonarnos. El perdón es al mismo tiempo la disciplina y el fruto más importante que debemos manifestar como cristianos. Por eso, en torno al altar recordamos cómo fuimos perdonados y aprendemos a perdonar. «¿Quién puede perdonar pecados sino sólo Dios?» (Lc. 5:21, RV); muy cierto, pero Dios comparte su práctica más divina y gloriosa con nosotros, para que seamos como él es. Perdonando es que aprendemos a ser «cristos» para los demás.

Resumen

En este capítulo dedicado a estudiar de los sacramentos hemos enfatizado que éstos existen para fortalecer tanto la comunión con Dios como con los miembros de la comunidad cristiana. Vivir diariamente en nuestro bautismo es afirmar permanentemente que pertenecemos a una comunidad de fe. De la misma manera, en la eucaristía asumimos una y otra vez nuestra responsabilidad con esa comunidad.

Un re-entendimiento de la práctica de los sacramentos debe devolver a la iglesia su sentido comunitario. Los sacramentos existen para nutrir la experiencia de fe de quienes componen dicha comunidad. Es en torno a los sacramentos que crecemos y nos fortalecemos.

En el próximo capítulo exploraremos dimensiones de la ética cristiana y sus implicaciones para la dinámica de las relaciones humanas.

7. Ética de la comunidad cristiana

Todas las posibilidades de error, más aún,
todas las posibilidades del mal gusto,
de lo fácil y de lo vulgar,
acompañan a aquel que odia.

Paul Valery

El servicio es la libertad más grande,
porque no toma ni necesita nada
sino es bondadoso y espontáneo.
Por lo tanto es cierto
que ésta es la mejor libertad,
la libertad que caracteriza a los cristianos.

Martín Lutero

No hay duda de que el amor es la práctica que sintetiza toda la ética cristiana. La comunidad cristiana es una comunidad de amor. Pero el amor jesucristiano no es un amor invertebrado o etéreo; por el contrario, el amor es dinámico, práctico, tangible, palpable, en fin, que se encarna dentro de la vida real y cotidiana. En la literatura bíblica, el amor que Dios demanda siempre guarda una estrecha relación con la ley. Dios mismo creó la ley para orientar la convivencia cotidiana entre los seres humanos. Al pueblo liberado, a través de Moisés, Dios le da las leyes en el Sinaí (Ex. 20:1-17). Esa ley llevaría al pueblo a vivir como una verdadera comunidad, como una familia. De la misma manera que la promesa abrahámica era espiritual, es decir, que trascendía la nacionalidad, las clases, las razas y buscaba formar un pueblo con gente de todas las familias de la tierra, así la ley es espiritual y buena (Ro. 7:12-16). Por la misma razón, Cristo no vino para oponerse y destruir la ley; por el contrario, vino para cumplirla (Mt. 5:17). Es importante destacar, sin embargo, que aunque Jesús no destruyó la ley, sí la reinterpretó para devolverle su verdadero significado y utilidad para la convivencia. Como maestro de Israel, Jesús enseñó continuamente la ley, insistiendo en recuperar siempre su calidad de instrumento y no haciendo de ésta un ídolo o un fin en sí mismo. Esa forma de interpretar la ley, de rescatar su esencia, hizo tropezar a muchos judíos legalistas de su tiempo.

Israel esperaba que la ley produjera santidad; pero perdió de vista el propósito de esa ley. ¿Por qué? Porque todo lo esperaba de la observancia de la ley y no de la fe. Cuando Pablo vio que los israelitas buscaban la absolución por sus obras sin la fe, recordó que el profeta había dicho que algunos tropezarían en la roca (que es Cristo), pero que quienes confiaran en él, no quedarían defraudados (ver Ro. 9:31-33).

Como Pablo explica en esta carta, los judíos tenían un uso equivocado de la ley. Eran muy celosos y rígidos en el cumplimiento de detalles secundarios y de toda estipulación religiosa; pero habían perdido la finalidad de la ley. Esto se ve en el encuentro de Jesús con el hombre rico. Jesús estaba a punto de partir, cuando uno corrió a su encuentro, se arrodilló delante de él y le preguntó:

—Maestro bueno, ¿qué debo hacer para alcanzar la vida eterna?
Jesús le contestó:
—¿Por qué me llamas bueno? Bueno solamente hay uno: Dios.
Ya sabes los mandamientos: 'No mates, no cometas adulterio, no robes, no digas mentiras en perjuicio de nadie ni engañes; honra a tu padre y a tu madre.'
El hombre le dijo:
—Maestro, todo eso lo he cumplido desde joven.
Jesús lo miró con cariño, y le contestó:
—Una cosa te falta: anda, vende todo lo que tienes y dáselo a los pobres. Así tendrás riqueza en el cielo. Luego ven y sígueme.
El hombre se afligió al oir esto; y se fue triste, porque era muy rico.

Jesús miró entonces alrededor, y dijo a sus discípulos:

—¡Qué difícil va a ser para los ricos entrar en el reino de Dios! Estas palabras dejaron asombrados a los discípulos, pero Jesús les volvió a decir:

—Hijos, ¡qué difícil es entrar en el reino de Dios! Es más fácil para un camello pasar por el ojo de una aguja, que para un rico entrar en el reino de Dios» (Mc. 10:17-25).

Este hombre que había cumplido con todos los mandamientos del decálogo le hace una pregunta a Jesús no para escuchar una respuesta, sino para recibir una felicitación de parte del maestro. Pero Jesús le hace ver que en realidad no ha cumplido la ley. Jesús no puede sino desenmascararlo: «¿Cómo es que cumpliste todos los mandamientos de la ley y aún eres rico?» En uno de los evangelios apócrifos (el evangelio según los Hebreos) se narra este mismo episodio de una manera que nos hace escuchar una explicación que no deja duda:

El otro hombre rico le dijo a Jesús:

—Maestro, ¿qué cosa buena debo hacer para vivir de veras? Hombre, obedece la ley y los profetas —le respondió. Ya lo he hecho —añadió el hombre. Entonces ve —le dijo Jesús— vende todo lo que tienes, distribúyelo entre los pobres, y ven a seguirme.

El rico entonces empezó a rascarse la cabeza, porque no le gustaba este mandamiento. El Señor le dijo: ¿Cómo dices que has obedecido la ley y los profetas? En la ley está escrito: Ama a tu prójimo como a ti mismo. Y fíjate que hay muchos hermanos tuyos, hijos de Abraham, que se están muriendo de hambre, y tú tienes la casa llena de cosas buenas, y no les das ni una a los pobres.

Y Jesús se volvió a decirle a su discípulo Simón, que estaba sentado a su lado: «Simón hijo de Jonás le es más fácil a un camello pasar por el ojo de una aguja que a un rico entrar en el reino de los cielos.»

Lo que Jesús quiere dejar claro en su encuentro con el hombre rico es que cumplir la ley consiste en amar a Dios y al prójimo, y amar no se limita a cumplir con prescripciones. Amar es algo que demanda vivir para los demás con la misma intensidad con que antes hemos vivido para satisfacernos a nosotros mismos. La riqueza es producto de la destrucción de la vida humana, mientras que la ley existe para preservarla en su totalidad. Al hombre rico, su minuciosidad en cumplir y observar el aspecto moral de la ley le costó perder de vista la finalidad de la ley, la ética de la ley. Los continuos conflictos entre Jesús y el grupo de los fariseos tienen que ver justamente con la manera de entender y aplicar la ley. El llamado «Sermón del Monte» es un gran ejemplo de cómo Jesús reinterpreta los mandamientos. Jesús contrapone a «oísteis que fue dicho...» la frase «pero yo os digo...» (Mt. 5:21s, RV). Jesús advierte claramente que su interpretación de la ley es distinta a la que enseñan los escribas o fariseos, haciendo notar que el problema de éstos no radica en lo que enseñan, sino la incongruencia que existe entre sus vidas y lo que enseñaban. En conclusión, les hace ver, no en teoría, sino prácticamente, que se habían apartado de la ley verdadera.

> Por eso, el que no obedece uno de los mandatos de la ley, aunque sea el más pequeño, ni enseña a la gente a obedecerlo, será considerado el más pequeño en el reino de los cielos. Pero el que los obedece y enseña a otros a hacer lo mismo, será considerado grande en el reino de los cielos. Porque les digo a ustedes que, si no superan a los maestros de la ley y a los fariseos en hacer lo que es justo ante Dios, nunca entrarán en el reino de los cielos (Mt. 5:19-20).

Quizá lo más grave de todo este asunto era la manera en que invalidaban los mandamientos divinos al hacer uso de artimañas legalistas y tradicionalistas para evitar dar, compartir y comprometerse con los demás. ¡Incluso usan esa tradición en contra de sus propios padres!

Contestando a sus reclamos, Jesús les dice a los fariseos y maestros que la ley dice: «El que maldiga a su padre o a su madre será condenado a muerte.» Y luego añade:

> Pero ustedes afirman que un hombre puede decirle a su padre o a su madre: «No puedo ayudarte, porque todo lo que tengo lo he ofrecido a Dios»; y que cualquiera que diga esto, ya no está obligado a ayudar a su padre o a su madre. Así pues, ustedes han anulado la palabra de Dios para seguir sus propias tradiciones. ¡Hipócritas! Bien habló el profeta Isaías acerca de ustedes cuando dijo: «Este pueblo me honra con la boca, pero su corazón está lejos de mí. De nada sirve que me rinda culto; sus enseñanzas son mandatos de hombres» (Mt. 15:4b-9).

La esencia de la ley

En la mente de Jesús, parece estar claro que la esencia de toda la ley está centrada en los diez mandamientos. Jesús resume la intención de la ley —reencontrarnos con Dios y con el prójimo— y lo expresa en la síntesis de acciones concretas que él llama el primer y segundo mandamientos.

> Los fariseos se reunieron al saber que Jesús había hecho callar a los saduceos, y uno, que era maestro de la ley, para tenderle una trampa, le pregunto:
> —Maestro, ¿cuál es el mandamiento más importante de la ley?
> Jesús le dijo:
> —«Ama al Señor tu Dios con todo tu corazón, con toda tu alma y con toda tu mente.» Este es el más importante y el primero de los mandamientos. Pero hay un segundo, parecido a este; dice: «Ama a tu prójimo como a ti mismo.» En estos dos mandamientos se basan toda la ley y los profetas (Mt. 22:34-40).

Con tal síntesis Jesús revela no sólo la verdadera finalidad de la ley y los profetas, sino también el contenido positivo de los mandamientos, o sea, el evangelio. Y éste no es más que las noticias de amor que habían estado desde siempre presentes en la Escritura Sagrada, pero que los maestros de la ley habían perdido de vista. Por eso, en el evangelio según San Marcos se registra la reacción de un maestro de la ley que había formulado similar pregunta (Mc. 12:28-34). El maestro estuvo en total acuerdo con Jesús sobre aquella síntesis positiva de los diez mandamientos y termina diciendo que ciertamente amar a Dios y al prójimo «... vale más que todos los holocaustos y todos los sacrificios que se queman en el altar» (v. 33). Precisamente los holocaustos y sacrificios ceremoniales se habían convertido en el centro de atención de la vida religiosa de Israel, pero el costo fue la perversión del objetivo del mandamiento: El encuentro amoroso con Dios y los semejantes. Después del comentario de este maestro de la ley, Jesús le dice que no estaba lejos del reino de Dios, pues conocía la clave del evangelio que ya provenía de una larga crítica profética y que se oponía a la tradición vacía y deshumanizante. Jesús recobra y enseña la ley de acuerdo a los profetas (Jer. 7:21ss; Os. 8:11-13; Am. 5:22).

La finalidad de la ley, entonces, es llevarnos a encontrar a Dios y a nuestro prójimo. Los mandamientos nos llevan a la «proximidad concreta» con Dios y con nuestros semejantes. Esa proximidad a la que nos invitan los diez mandamientos (amar concretamente) no significa otra cosa que tomar en serio a nuestro prójimo.

Por causa del pecado —la tendencia humana a complacer sus propios deseos que separan y destruyen— es que los mandamientos están expresados de manera negativa: «no mientas, no mates, etc.». Pero el mandamiento único expresado en la ley de Moisés era originalmente positivo: «Ama a Dios y a tu prójimo». Es por eso que Jesús recobra el sentido positivo dentro del sentido negativo de la ley.

Los dos primeros mandamientos tienen que ver con Dios: «No tengas otros dioses aparte de mí» (Ex. 20:3; Dt. 5:7), y «No te hagas ningún ídolo» (Ex 20:4; Dt. 5:8). Quien tiene dioses o imágenes delante de Dios no toma a Dios en serio. Y si no respeta a Dios, entonces ¿cómo podrá tomar en serio a su prójimo? Quien no respeta al Creador ¿cómo podrá respetar a los seres creados? En conclusión, si no se cumple con los dos primeros mandamientos no es posible cumplir con el resto; porque tomar en serio a Dios es amarlo, y esto nos prepara para todo lo demás. Pero no se puede cumplir a cabalidad la ley por uno mismo. Esa es la conclusión a la que llega Pablo (ver Ro. 7). Cristo vino para cumplir la ley en su totalidad. Su obediencia hizo concreto el amor del Padre; es decir, al amarnos y darse por nosotros obedeció en todo al Padre. De la misma manera nosotros al amar a nuestro prójimo obedecemos a Dios, y así cumplimos la ley. Cristo es el cumplimiento de la ley (Ro. 6:15; 10:4; Jn. 1:17), y nosotros sin Cristo no podemos cumplirla. Esto quiere decir que sólo a través de él podemos amar auténticamente a nuestro prójimo. Amar, entonces, es cumplir la ley.

La ley de Cristo

Pablo utiliza el término «la ley de Cristo» para referirse a los mandamientos de la ley de Moisés, pero de la forma en que fueron reinterpretados por Cristo, que en realidad no es otra cosa que la recuperación del sentido original de los mandamientos. Cuando

Pablo dice «Ayúdense entre sí a soportar las cargas, y de esa manera cumplirán la ley de Cristo» (Gl. 6:2), deja claro que la ley de Cristo es un acto, una relación que tiene que ver con los demás. Esta ley de Cristo no nos lleva a privatizar nuestra espiritualidad, sino a encontrarnos con las demás personas, a edificar nuestra espiritualidad en y con nuestros semejantes. El celo religioso por la ley mosaica era causa de continua separación, exclusión y rivalidad entre seres humanos; por eso, la ley de Cristo es una invitación a amar concretamente, es decir, a reconciliarnos y permanecer unidos. Juan Jacobo Rousseau defendía la idea de que el ser humano sin leyes era un ser libre, ya que no estaba atado a ninguna demanda. Sin embargo, esa ausencia de control o acondicionamiento social hacía de ese ser casi-primitivo, a quien llamaba «El buen salvaje», una mezcla de inocencia y anarquía (Touchard, 1983:328-350).

Pablo no cree que sea la ausencia de leyes lo que nos hace libres, sino el cumplimiento de ellas. Al ser humano, sin embargo, le es imposible cumplir con la ley divina, cuyo único requisito es amar. Así que sólo unido a Cristo, la fuente verdadera de amor, el ser humano puede amar y ser libre. Por eso dice Lutero, de cierta manera parafraseando a Pablo: «El cristiano es señor de todas las cosas, a nada está sometido (en la fe); el cristiano es siervo de todas las cosas y está sometido a todo (en el amor).»

Como ya hemos dicho, y se ha hecho evidente, cumplir la ley por nuestro esfuerzo propio es imposible, ya que no es posible amar realmente a partir de nuestra condición humana. Todo amor humano tiene un motivo egoísta. Por lo tanto, al amar a nuestros semejantes con nuestro amor imperfecto siempre terminamos por utilizarlos, por servirnos de ellos. Dios es la única fuente de amor perfecto (ágape) y es este amor con que debemos amar, este amor es el único con que se puede cumplir toda la ley, porque es un amor divino. Lutero decía que ese amor «no es un arte natural ni crece en nuestro jardín» (WA 36: 436, 23F). Es algo que tiene que provenir de fuera de nosotros, tiene que venir de Dios mismo. Es por eso que observar la ley sin entender su demanda esencial (amor), y sin permitirle a Cristo que viva a través de nosotros, su «acción amorosa» sería retroceder —como dice Míguez Bonino— a la «infancia ética religiosa» (Míguez, 1976:31) y significaría perder la libertad. Pablo dice: «Cristo nos dio libertad para que seamos libres. Por lo tanto, manténganse ustedes firmes en esa libertad y no se sometan otra vez al yugo de la esclavitud» (Gl. 5:1).

¿Libertad? ¿Para qué?

Está claro que cada vez que utilizamos nuestra libertad cristiana desconectada del amor, negamos el principio mismo de esa libertad, y dañamos a otros. Para Pablo el amor es el límite de nuestra libertad cristiana; sólo así llegamos a ser plenamente responsables de nuestros semejantes y dejamos de ser esclavos de nuestros propios deseos. El objetivo no es ser libre como finalidad *per se*, sino ser libre para servir, para encarnar amor.

> El cristiano es libre. Nada ni nadie debe privarle de esa libertad. Pero de inmediato ha de preguntarse, ¿para qué la libertad? Y Pablo responde inequívocamente: no han sido liberados simplemente para hacer lo que pueda placer al egoísmo irresponsable e individualista de cada uno («la carne») sino «para colocarse unos al servicio de los otros en amor». Este, el ejercicio libre del amor servicial, es el contenido verdadero de la ley de Dios. Y esto, realizado en las circunstancias concretas de la vida de la comunidad cristiana, es «la ley de Cristo» (Míguez:60).

La ética cristiana no reposa sobre los criterios de una conciencia individual y privada. Un individuo puede estar correcto en su acción y estar profundamente convencido de ello, y aun así perjudicar a algún miembro de la comunidad. La libertad cristiana pasa por encima de lo que es correcto para un individuo si esto daña a la comunidad. Pablo enseña que todo está permitido, pero también que nadie busque su propio interés, sino el del prójimo (1 Co. 10:23-24). Cristo murió por nuestro prójimo también. Si por nuestra conducta apartamos a nuestro prójimo del amor divino, pecamos no solamete contra Cristo, sino contra nuestro prójimo también.

A esto Santiago lo llama la «ley de Cristo», la ley suprema o real. En todo caso, este es el mecanismo práctico que nos invita a tomar en serio a la persona como persona, a verla como igual a nosotros, a verla como creación de Dios; en fin, a ver en nuestros semejantes la dignidad divina, la importancia de Dios, nuestro Padre. Amar a nuestro prójimo como a nosotros mismos implica, en la versión de

Levítico 19:18, aceptar que nuestro prójimo es como nosotros mismos. En otras palabras, «ama a tu prójimo, que es como tú mismo». Tal aceptación del prójimo es el corolario teológico de reconocer a Dios como Creador. Y esto no sólo es el primer artículo del credo apostólico, sino el punto de partida de la ética cristiana.

Amar al prójimo «como a ti mismo», no se refiere a amarlo en la medida con que nos amamos a nosotros mismos, o con el tipo de amor con que nos amamos. Nosotros no somos la norma del amor. Tanto la medida como la forma con que nos amamos son imperfectas y no pueden ser la base de la ética cristiana. Amar como a sí mismo sólo puede hacerlo quien que se reconoce amado por Dios y, por lo tanto, sabe que Dios es el sujeto del amor que ofrece. Amar al otro, al prójimo, es amar a Dios en él o ella; amarlo como a sí mismo es amarlo como Dios me ama a mí. Este es el principio: «Amamos porque él nos amó primero».

Resumen

En esta exploración de la ética de la comunidad cristiana hemos dicho con insistencia que el amor resume tal experiencia ética.

En este capítulo se presenta un entendimiento de la ley, no desde el punto de vista moralista, sino desde el punto de vista ético. Es así como logramos redescubrir el verdadero objetivo de la ley, y de esa manera, nos preparamos para trascender el legalismo y alcanzar la dimensión de la ética cristiana: el amor.

En el próximo capítulo daremos un vistazo a las disciplinas (experiencias diarias) que nutren a la comunidad de fe e impulsan el desarrollo de su vida y misión.

8. Disciplinas espirituales de la comunidad de fe

Dios nunca quiere dar algo
que valga menos que él mismo.
Le gusta que nos apeguemos
a aquel a quien pedimos
y no deja que nos marchemos
con lo que pedimos.

Louis Evely

Ni da fruto el amor sin sangre.
Tenemos que ofrecer nuestra
vida a favor de nuestro semejante.

Unamuno

La espiritualidad cristiana se construye a través de prácticas cotidianas, que a pesar de ser usuales, pueden reorientarse a partir de la teología de las relaciones humanas. Algunas de estas disciplinas espirituales son: la oración, la meditación, el estudio de las Escrituras, y algunas otras. A estas disciplinas también se les llaman devociones o ejercicios espirituales. Gracias a ellas, miles de santos, mártires, apóstoles y misioneros han consolidado férreamente sus convicciones y su fe.

La oración

Juan Wesley consideraba que la oración era un «medio de gracia» (Tyson, 1999, 318-329). Esto se debe a su creencia en que Dios se hace presente a través de la oración. La oración es la práctica de la presencia de Dios en nuestras propias vidas. Orar siempre nos sitúa delante de Dios.

La oración es una forma especial de relacionarnos. La oración no es sólo apertura al orden de lo sobrenatural, sino que es comunicación con Dios. Esto se debe fundamentalmente al hecho de que la oración presupone fe, y ésta, como la oración, se orienta únicamente hacia Dios. Así pues, la oración no parte de la premisa de que Dios existe, sino de que él está cerca y oyendo.

La oración genera proximidad, y dicha proximidad siempre se traduce en responsabilidad ética para con el prójimo. Precisamente por esto Karl Barth creía que: «La oración no puede, pues, en ningún caso alejarnos de los hombres, no puede sino unirnos ya que la oración es una realidad que nos concierne a todos» (Barth, 1968:36). La oración nos une por cuanto nos recuerda que tenemos un padre común: «Padre nuestro que estás en los cielos...» En la oración nos sabemos hermanos, y por lo tanto no sólo descubrimos la proximidad de Dios, sino también de su familia humana.

La oración es en sí misma un proceso hacia la unificación. Kierkegaard sostenía que un corazón puro era aquel que «deseaba una sola cosa» (Kierkegaard, 1979: 1). Desear una sola cosa es unificar nuestro deseo con el deseo de Dios. Si hacemos esto, entonces nuestra voluntad se hace una con la voluntad de Dios. «Si nuestra voluntad y nuestro corazón —afirma Bonhoeffer— se unen a la oración de Cristo, entonces oramos rectamente, pues sólo en Jesucristo podemos orar, y sólo en él seremos escuchados» (Bonfoeffer, 1983: 55). Como decía la Madre Teresa de Calcuta: «La unidad es el fruto de la oración, de la humildad y el amor. Por lo tanto, si la comunidad ora unida, permanecerá unida, y si se quedan juntos se amarán los unos a los otros como Jesús los ama a cada uno» (Mother Teresa, 1986:5).

La meditación

Otro de los ejercicios espirituales que más fortalecen nuestra fe y nutren nuestra relación con Dios es la meditación. Meditar es concentrar nuestra atención en aquello que es el objeto de nuestra adoración, de nuestro amor. Usualmente en silencio y con suficiente tiempo, le permitimos a nuestro pensamiento darse cuenta de lo que Dios significa para nosotros y las diversas formas en que nos muestra su amor.

A diferencia del análisis y la reflexión, la meditación busca integrar lo intelectual (cognoscitivo) con lo emocional (afectivo). Meditar es también hacer uso de la parte intuitiva de nuestro cerebro. Al meditar, muchas veces podemos reconocer las diversas y múltiples maneras en que Dios nos habla. Esto nos ayuda a poner en perspectiva nuestra vida, es decir, a sopesar nuestras decisiones y modo de vivir. El salmista nos recuerda que la persona que se toma en serio a Dios medita en su palabra día y noche (Sal. 1:2). Meditar nos permite darle su justo valor y apreciar las cosas, incluso aquellas que forman parte de nuestra cotidianidad. De hecho, son esas pequeñas cosas domésticas las que con frecuencia perdemos de vista, y al meditar en torno a la acción de Dios en nosotros redescubrimos su sentido.

En su carta a los Filipenses, Pablo dice: «Piensen en todo lo verdadero, en todo lo que es digno de respeto, en todo lo recto, en todo lo puro, en todo lo agradable, en todo lo que tiene buena fama. Piensen en toda clase de virtudes, en todo lo que merece alabanza» (Fil. 4:8). Y es que cuando el ser humano se toma el tiempo de poner su mente en lo noble, en lo perfecto, en lo bueno, es inspirado y movido por esto.

El estudio de las Escrituras

Una de las más importantes disciplinas espirituales es la lectura devocional de las Escrituras. En las Escrituras, Dios se nos revela de la manera más clara y entendible. Sin ella no podríamos saber sobre Dios ni conocerlo.

En presencia de la palabra de Dios no sólo el intelecto es iluminado, sino también el corazón del ser humano. Sin su Palabra no puede haber vida. Dios creó todo por medio de su palabra y habitó entre nosotros como palabra encarnada. Cuando la palabra escrita se encarna en nosotros, por medio de la obra del Espíritu Santo, es que conocemos a Dios y nos hacemos uno con él. Esto nos capacita también para hacernos uno con los otros. Sin palabra no hay comunidad.

La palabra viva de Dios tiene el poder de transformar la vida humana. Nadie permanece igual después de ser enfrentado con la palabra viva de Dios. Lutero incluso llegó a decir que «La palabra de Dios es la cosa santa y verdadera por encima de todas las cosas santas. La palabra de Dios es el tesoro que santifica todas las cosas» (Cassese, 1999:107). Es importante notar que la Biblia fue escrita para ser leída en comunidad. Y la primera faceta que la Escritura transforma es nuestro sentido de comunidad. Esto quiere decir que incluso cuando la leemos devocionalmente, es decir, en un profundo recogimiento espiritual, la palabra de Dios siempre nos impulsa hacia Dios y el prójimo.

El culto cristiano

Aunque diverso, por las distintas expresiones que lo componen, el culto cristiano forma parte de la disciplina utilizada por los creyentes para nutrir la vida de fe. Las expresiones de este culto, en términos de ritos, ceremonias y piedad, son verdaderamente ricas. Para seguir con la práctica —adoptada por los primeros cristianos— de reunirse el primer día de la semana para celebrar la resurrección del Señor, durante siglos las distintas comunidades de fe han celebrado su culto a Dios con fidelidad cada domingo (del latín *dominicus dies*=día del Señor. Y de allí el nombre de ese día).

Los primeros grupos cristianos se reunían en las casas, donde de manera sencilla adoraban a Dios (Hch. 2:42-47). Compartir en comunidad es tal vez lo más esencial de la piedad cristiana. Se puede decir que desde la prehistoria de la iglesia, Dios siempre ha querido que su pueblo le adore como comunidad unida: «Deja ir a mi pueblo al desierto, para que haga allí una fiesta en mi honor» (Ex. 5:1).

En los primeros tiempos de la iglesia, las reuniones del culto cristiano fueron llamadas «ágapes». Esto se debió a que los cristianos primitivos entendían que el amor era el énfasis de dichas reuniones. La comunidad de fe siempre se reúne para celebrar, ante Dios y en presencia los unos de los otros, en amor. Como Trinidad, Dios está siempre en comunidad. Así que en medio de la comunidad que celebra y comparte el evangelio, la santa Trinidad está presente. Sólo en ese contacto al compartir la fe y de reunirnos para celebrar el amor de la cruz, nos descubrimos como hermanos y descubrimos la dimensión misteriosa y profunda de ser el cuerpo de Cristo. Los tele-evangelistas y la llamada «iglesia electrónica», en general son sólo una caricatura de la iglesia-comunidad. Sin cercanía, sin interacción, sin cara a cara, no tiene sentido nada de lo que Dios ha hecho. Si Dios sólo puede ser Dios como Trinidad, entonces de la misma manera, y para poder ser iglesia nosotros, tenemos que vivir los unos junto a los otros.

Resumen

Todas las disciplinas espirituales son formas adoptadas y practicadas a lo largo de nuestra milenaria tradición cristiana, y aunque diversas, son medios para alimentar una doble relación: con Dios y con el prójimo. Si estas disciplinas se transforman (deforman) en un acto para promover o ensalzar nuestra vida privada, entonces hemos perdido el sentido de la práctica o disciplina en cuestión. Si bien todas estas disciplinas fortalecen la fe individual, la fe es en esencia una acción dirigida hacia Dios y siempre resulta en una experiencia colectiva de amor.

Si la motivación para practicar éstas u otras disciplinas no es nutrir y madurar la experiencia de fe y amor hacia Dios y el prójimo, entonces hemos perdido el sentido de tales disciplinas.

Glosario

Ágape. Término griego utilizado en el Nuevo Testamento para referirse al amor divino y, por extensión, al amor cristiano. Es el amor sin condiciones y sin reservas que nos lleva a entregar la propia vida por el ser amado.

Aión. Término griego utilizado para referirse a la consumación final de los tiempos y el comienzo de una nueva era.

Alteridad. Concepto filosófico introducido a la teología por Enrique Dussel por medio del que se explica el descubrimiento de la exterioridad humana. Lo alterativo nos advierte que no estamos solos en el mundo y que por lo tanto tenemos una responsabilidad ética para los otros.

Demiurgo. Referencia a Dios como un ser abstracto e impersonal.

Eros. Término griego utilizado para referirse al tipo de amor con que aman los seres humanos. Puede referirse también al amor de pareja donde existe un componente sexual.

Escatología. Del griego *eschatos*=último. Disciplina de la teología sistemática que estudia las doctrinas relacionadas con las últimas cosas, el futuro de la humanidad y la creación.

Eucaristía. Del griego, que significa dar gracias. Esta palabra es utilizada para referirse al sacramento de la Santa Cena.

Filia. Término griego para referirse al tipo de amor consanguíneo o familiar.

Gregario. Referencia al ser humano como ser que vive en comunidad (en relación con otros seres humanos).

Kairos. Término griego para referirse al tiempo escogido por Dios. En este tiempo toman lugar los eventos específicos del plan divino de salvación.

Koinonía. Del griego, que significa compañerismo. Se refiere a la obra que el Espíritu Santo opera en el cuerpo de Cristo, la iglesia, para crear comunidad.

Misiología. Área de la teología sistemática que se encarga de establecer las bases bíblicas y teológicas de la misión de la iglesia.

Narcisismo. Término que se deriva de Narciso, personaje de la mitología griega. Este término se utiliza para referirse al enamoramiento con uno mismo, ensimismamiento o egocentrismo.

Ortodoxia. Término griego que significa recta opinión. Toda teología o enseñanza cristiana que se ciñe a lo que la iglesia sostiene como verdadero.

Ortopraxis. Término griego que significa recta práctica. Toda acción o conducta que, en el caso del cristiano, se ajusta a la ética de Cristo.

Platonismo. Tendencia filosófica (y teológica) que sigue las enseñanzas de Platón y que insiste en el dualismo del espíritu y la materia. El platonismo sostiene que las cosas existen arquetípicamente separadas de la realidad objetiva.

Sacramentos. Son las acciones instituidas por Cristo y a partir de las cuales nos imparte su gracia. En algunas tradiciones se les conoce como ordenanzas: el bautismo y la Santa Comunión.

Saduceos. Secta religiosa de la élite económica en tiempos de Jesús que controlaba la política y el manejo del templo de Jerusalén.

Semiótica. Es una rama de la teoría de la comunicación que investiga la naturaleza de los sistemas de signos y las maneras de representación que los seres humanos usan para comunicar pensamientos, ideas y sentimientos.

Utopía. Es un proyecto ideal que al surgir parece irrealizable dentro de la historia humana. En ese sentido la realización definitiva del reino de Dios es utópica. Esto, sin embargo, no significa que carezca de impulso movilizador dentro del momento histórico en que se da.

Bibliografía

Allen, Joseph L. *Love and Conflict.* Nashville: Abington Press, 1984.

Althus, Paul. *The Divine Command.* Philadelphia: Fortress Press, 1966.

————. *The Theology of Martin Luther.* Philadelphia: Fortress Press, 1995.

Alves, Ruben. *El enigma de la religión.* Buenos Aires: La Aurora, 1976.

Aulen, Gustaf. *The Faith of the Christian Church.* Philadelphia: Muhlenberg Press, 1962.

Balasuriya, Tisa. *Planetary Theology.* New York: Orbis Books, 1984.

Barth, Karl. *The Epistle to the Romans.* New York: Oxford University Press, 1968.

————. *La oración.* Salamanca: Sígueme, 1968.

Barth, M. *The Broken Wall, a Study of the Epistle to the Ephesians.* Londres: Collins, 1960.

Barrett, C.K. *Paul: An Introduction to His Thought.* Louisville: Westminster/John Knox Press, 1994.

Boff, Leonardo. *El destino del hombre y del mundo.* Santander: Sal Terrae, 1985.

————. *La trinidad, la sociedad y la liberación.* Buenos Aires: Ediciones Paulinas, 1986.

————. *Los sacramentos de la vida.* Santander: Sal Terrae, 1995.

————. *La resurrección de Cristo: nuestra resurrección en la muerte.* Santander: Sal Terrae, 1980.

Bonhoeffer, Dietrich. *Salvation and Liberation.* Melbourne: Dove Communications, 1961.

————. *Act and Being.* New York: Harper and Row Publishers, 1961.

————. *Ethics.* New York: Macmillan, 1965.

————. *Sociología de la iglesia.* Salamanca: Sígueme, 1980.

————. *Vida en comunidad.* Salamanca: Sígueme, 1982.

————. *El precio de la gracia.* Salamanca: Sígueme, 1995.

Boros, Ladislaus. *Encontrar a Dios en el hombre.* Salamanca: Sígueme, 1971.

Braaten, Carl E. *Principles of Lutheran Theology.* Philadelphia: Fortress Press, 1983.

Bright, John. *La historia de Israel.* Bilbao, 1970.

Cassese, Giacomo. *Desde la Reforma.* México: Pueblo Unido, 1999.

Coenen, K. *Diccionario Exegético del Nuevo Testamento.* Salamanca: Sígueme, 1980.

Costas, Orlando. *Hacia una teología de la evangelización.* Buenos Aires: La Aurora, 1973.

Crisóstomo, Juan. *Ricos y pobres.* Buenos Aires: Lumen, 1990.

Croatto, José Severino. *Génesis.* Buenos Aires: La Aurora, 1975.

————. *Crear y amar en libertad.* Buenos Aires: La Aurora, 1986.

Cullman, Oscar. *Christ and Time.* Philadelphia: The Westminster Press, 1950.

David, Kenith A. *Sacrament and Struggle.* Geneva: WCC Publications, 1994.

Dickson, Kwesi A. *Uncompleted Mission.* New York: Orbis Books, 1991.

Driver, Juan. *La obra redentora de Cristo y la misión de la iglesia.* Grand Rapids: Eerdmans, 1994.

Duff, Nancy J. *Humanization and the Politics of God.* Grand Rapids: Eerdmans, 1992.

Dulles, Avery. «The Meaning of Faith Considered in Relationship to Justice» en *The Faith that Does Justice.* New York: Paulist Press, 1977.

Dussel, Enrique. «El Momento Negativo: el Ateísmo de los Profetas y de Marx» en *Fe y política.* Buenos Aires: Guadalupe, 1973.

————. *El dualismo en la antropología de la cristiandad.* Buenos Aires: Guadalupe, 1974.

————. *Ética comunitaria*. Madrid: Ediciones Paulinas, 1986.

————. «Europa, Modernidad y Europocentrismo» en *Posdata* No. 9. San Juan, 1994.

Eliade, Mircea. *History of Religious Ideas.* Chicago: The University of Chicago Press, 1978.

Evely, Louis. *Dios en tu prójimo.* Salamanca: Sígueme, 1980.

————. *Fraternidad y evangelio.* Salamanca: Sígueme, 1977.

Ford, S. Dennis. *Sins of Omission.* Minneapolis: Augsburg Fortress, 1990.

Forell, George W. *Faith Active in Love.* Minneapolis: Augsburg Publishing House, 1954.

Fromm, Erich. *La revolución de la esperanza.* Madrid: Fondo de Cultura Económica, 1970.

————. *El arte de amar.* Buenos Aires: Paidos Studio, 1974.

————. *Y seréis como dioses.* México: Paidos Studio, 1989.

González, Justo L. *John Wesley, herencia y promesa.* San Juan: S.E.P., 1998.

Gutiérrez, Gustavo. *Teología de la Liberación.* Salamanca: Sígueme, 1987.

————. *Beber de su propio poso.* Salamanca: Sígueme, 1979.

Hinkelammert, Franz J. *Sacrificios humanos y sociedad occidental: Lucifer y la Bestia.* San José: DEI, 1993.

Irwin, C.H. *Juan Calvino, su vida y su obra.* México: Cupsa, 1981.

Jeremías, Joaquín. *Jerusalén en tiempos de Jesús.* Madrid: Cristiandad, 1977.

Kaylor, R. David. *Paul's Covenant Community.* Atlanta: John Knox Press, 1988.

Kierkegaard, Soren. *La pureza del corazón.* Buenos Aires: La Aurora, 1979.

King, Martin Luther. *La fuerza de amar.* Barcelona: Argos, 1978.

Kung, Hans. *On Being a Christian.* New York: Doubleday, 1976.

Larrañaga, Ignacio. *Sube conmigo.* México: Editorial Alba, 1990.

León, Jorge A. *Teología de la Unidad.* Buenos Aires: La Aurora, 1971.

Lienhard, Marc. *Luther Witness to Jesus Christ.* Minneapolis: Augsburg Fortress, 1982.

Lockmann, Paulo. «La crítica de Jesús» en *Revista de Interpretación Bíblica Latinoamericana (RIBLA). No. 10.* San José, 1991.

Lutero, Martín. *D. Martin Luthers Werke: Kritische Gesammtausgabe* (Obras del Dr. Martín Luter). Weimar: H. Bahlau, 1883.

——————. *Obras de Martín Lutero*, 7 tomos, Buenos Aires: La Aurora, 1967-1979.

Lutz, Jurgen. *Unio und Communio.* Paderbon, 1920.

Lyonnet, Stanislas. *El amor, plenitud de la ley.* Salamanca: Sígueme, 1981.

Marty, Martin E. *Invitation to Discipleship.* Minneapolis: Augsburg Publishing House, 1986.

Míguez, José. *Ama y haz lo que quieras.* Buenos Aires: La Aurora, 1976.

Mother Teresa. *Jesus the Word to Be Spoken.* Ann Arbor: Servant Books, 1986.

Newbigin, Leslie. *La familia de Dios.* México: Editorial Jákez, 1961.

Niebuhr, Reinhold. *Moral Man and Immoral Society.* New York: Harper Collins, 1932.

Nygren, Anders. *Agape and Eros.* Philadelphia: Westminster Press, 1953.

Perkins, Pheme. *Love Commands in the New Testament.* Ramsey: Paulist Press, 1982.

Pixley, Jorge. *Historia sagrada, historia popular.* San José: DEI, 1989.

Porvey, Constance F. *The Community of Women and Men in the Church.* Philadelphia: Fortress Press, 1983.

Prenter, Regin. *Spiritus Creator.* Philadelphia: Muhlenberg Press, 1953.

Prokes, Mary Timothy. *Mutuality.* Mahwah: Paulist Press, 1994.

Rahner, Karl. *The Church and The Sacraments.* New York: Herder and Herder, 1963.

Richard, Pablo. *La lucha de los dioses.* San José: DEI, 1989.

Rodríguez, José David/Martell-Otero, Loida I. *Teología en conjunto.* Louisville: Westminster John Knox Press, 1997.

Romero, Alnurfo. «Juntos en misión». No. 3, 2001.

San Agustín. *Confesiones.* México: Ediciones Paulinas. 1981

Santa-María, María L. *Growth Through Meditation and Journal Writing.* Ramsey: Paulist Press, 1983.

Segundo, Juan Luis. *Teología Abierta.* Madrid: Ediciones Cristiandad, 1983.

Stumme, Juan. «El sentido de la fe y el amor» en *Lutero ayer y hoy.* Buenos Aires: La Aurora, 1983.

Sucre, José Luis. *La iglesia y los profetas.* Córdova: El Almendro, 1989.

Tillich, Paul. *Se conmueven los cimientos de la tierra.* Buenos Aires: Libros del Nopal, 1968.

――――. *Moralidad y algo más.* Buenos Aires: La Aurora, 1974.

――――. *Teología sistemática III.* Salamanca, Sígueme, 1984.

Touchard, Jean. *Historia de las ideas políticas.* Madrid: Tecnos, 1983.

Tyson, John R. *Invitation to Christian Spirituality.* New York: Oxford University Press, 1999.

Unamuno, Miguel de. «El Cristo de Velázquez» en Roberto Lazear *El Maestro de dolores.* Miami: Caribe, 1979.

Westhelle, Vitor. *Voces de protesta en América Latina.* México: LSTC, 2000.

White, James F. *The Sacrament in the Protestant Practice and Faith.* Nashville: Abington Press, 1992.